本書の特長と使い方

- 5年生で学習する社会の内容がすべて学べます。
- 別冊解答は，本冊の縮刷りで答え合わせがしやすくなってい...　　　　　　　　　　郎です！
- 重要な内容は，日本地図にまとめたページをつくっています...　　　　　　　しは
- 「チャレンジ！」のコーナーでは息抜きができます。　　　　　　　　　　　　るよ！

● ● ● 学習の進め方 ● ● ●

基本の学習　「かくにんしよう！」「れんしゅうしよう！」「やってみよう！」の3ステップで，社会の内容の基本を身につけます。

かくにんテスト　基本の学習で学習したことが身についているかを確にんします。

まとめテスト　このドリルで学習したことが身についているかを確にんします。

ステップ1　単元ごとに，学習内容の要点をまとめています。

ステップ3　少しむずかしい問題にちょう戦してみましょう。

1 緯度と経度

学習した日　月　日

ステップ1　かくにんしよう！

1 緯度と経度

同じ緯度や経度を結んだものを緯線，経線といいます。緯線は0度を赤道といい，南側が南緯，北側が北緯で90度まであります。経線はイギリスのロンドンを通る線を0度として，東側が東経，西側が西経で，180度まであります。

↑地球儀

2 地球儀と地図

地球儀は，地球の形をそのまま小さくした模型で，陸地などの形やきょり，方位を正しく表しています。地図は地球を平らに表したもので，丸い地球を平面にしているため，きょりや方位などを一度に正確に表せませんが，持ち運びに便利です。

緯度と経度で地球上の位置を表すことができるよ。

↑地図の例

ステップ2　れんしゅうしよう！

① 次の(1)～(3)を何といいますか。ア～ウから選び，記号で答えましょう。

(1) 地球上の南北の位置を示す。　（　　　）

(2) 地球上の東西の位置を示す。　（　　　）

(3) 0度の緯線。　（　　　）

ア 経度　イ 赤道　ウ 緯度

② 次の文の（　）にあてはまることばを書きましょう。

(1) 緯度は，南北に0度から（　　　）度まである。

(2) 経度は，東西に0度から（　　　）度まである。

(3) 地球の形をそのまま小さくした模型を（　　　）という。

(4) 地球を平面に表した（　　　）は，持ち運びに便利である。

ステップ3　やってみよう！

右の地図は，緯線と経線が30度ごとに引かれています。次の問いに答えましょう。

(1) 地図に●で示した場所の位置を緯度と経度で表しているのは，次のア～エの（　）のどれですか。

ア 北緯30度，東経120度
イ 北緯30度，西経120度
ウ 南緯30度，東経120度
エ 南緯30度，西経120度

（　　　）

(2) 地図は，地球上の陸などの形や面積を正確に表せていません。その理由をかんたんに説明しましょう。

チャレンジ！

右の地図で日本はア～エのどこにあるかな？　（　　　）

4　　　　5　　　　答えは別さつ2ページ

ステップ2　練習問題を解きましょう。

チャレンジ！　息ぬきのクイズコーナーです。ちょう戦してみましょう。

チャ太郎ドリル 小5 社会

もくじ

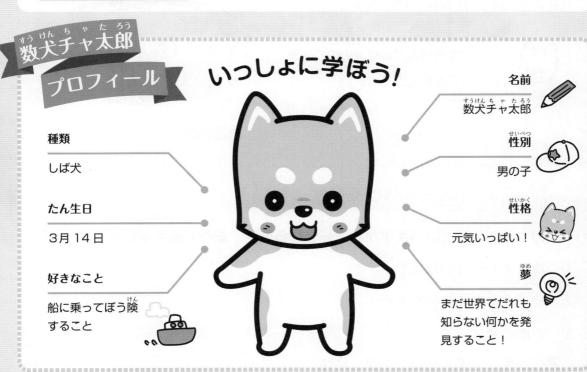

数犬チャ太郎（すうけんちゃたろう）
プロフィール

いっしょに学ぼう！

種類

しば犬

たん生日

3月14日

好きなこと

船に乗ってぼう険（けん）すること

名前

数犬チャ太郎（すうけんちゃたろう）

性別（せいべつ）

男の子

性格（せいかく）

元気いっぱい！

夢（ゆめ）

まだ世界でだれも知らない何かを発見すること！

1 緯度と経度

ステップ1　かくにんしよう！

1 緯度と経度

同じ緯度や経度を結んだものを緯線，経線といいます。緯線は０度を赤道といい，南側が南緯，北側が北緯で90度まであります。経線はイギリスのロンドンを通る線を０度として，東側が東経，西側が西経で，180度まであります。

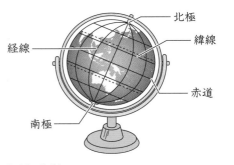

↑地球儀

2 地球儀と地図

地球儀は，地球の形をそのまま小さくした模型で，陸地などの形やきょり，方位を正しく表しています。地図は地球を平らに表したもので，丸い地球を平面にしているため，きょりや方位などを一度に正確に表せませんが，持ち運びに便利です。

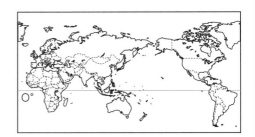

緯度と経度で地球上の位置を表すことができるよ。

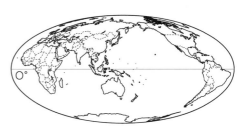

↑地図の例

ステップ2　れんしゅうしよう！

1　次の(1)～(3)を何といいますか。ア～ウから選び，記号で答えましょう。

(1)　地球上の南北の位置を示す。　　　　　　　（　　　　）

(2)　地球上の東西の位置を示す。　　　　　　　（　　　　）

(3)　０度の緯線。　　　　　　　　　　　　　　（　　　　）

　　ア　経度　　イ　赤道　　ウ　緯度

② 次の文の（　　）にあてはまることばを書きましょう。

(1) 緯度は，南北に０度から（　　　　　　　　）度まである。

(2) 経度は，東西に０度から（　　　　　　　　）度まである。

(3) 地球の形をそのまま小さくした模型を（　　　　　　　　）という。

(4) 地球を平面に表した（　　　　　　　　）は，持ち運びに便利である。

ステップ③　やってみよう！

　右の地図は，緯線と経線が30度
ごとに引かれています。次の問いに
答えましょう。

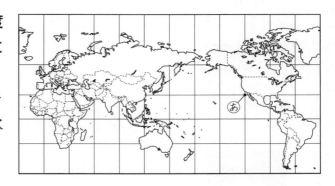

(1) 地図に⑧で示した場所の位置を
　緯度と経度で表しているのは，次
　のア〜エのうちのどれですか。
　ア　北緯30度，東経120度
　イ　北緯30度，西経120度
　ウ　南緯30度，東経120度
　エ　南緯30度，西経120度

（　　　　　　　）

(2) 地図は，地球上の陸などの形や面積を正確に表せていません。その理由をかん
　たんに説明しましょう。

（　　　　　　　　　　　　　　　　　　　　　　　　　　　　　　　　　）

チャレンジ！

右の地図で日本はア〜エのどこにある
かな？　　　　　〔　　　　　〕

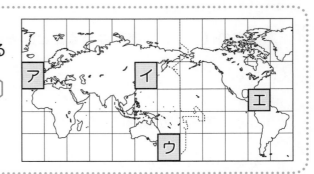

5

答えは別さつ２ページ→

② 大陸と海，さまざまな国

ステップ1　かくにんしよう！

1　大陸と海洋

　世界の陸地には，ユーラシア大陸，アフリカ大陸，北アメリカ大陸，南アメリカ大陸，オーストラリア大陸，南極大陸の六つの大陸と多くの島々があります。海には太平洋，大西洋，インド洋の三大洋と小さな海があり，陸地よりも海の方が広いです。

2　世界の国々

　世界の国が象徴として国旗を定めています。

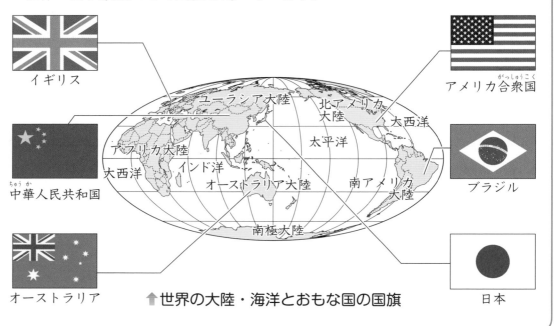

イギリス

アメリカ合衆国

中華人民共和国

ブラジル

オーストラリア

日本

ユーラシア大陸　北アメリカ大陸　大西洋　太平洋　アフリカ大陸　大西洋　インド洋　オーストラリア大陸　南アメリカ大陸　南極大陸

↑世界の大陸・海洋とおもな国の国旗

ステップ2　れんしゅうしよう！

1　次の文の（　　）にあてはまることばを書きましょう。

(1)　日本は（　　　　　　　　　　）大陸の東にある。

(2)　日本とアメリカ合衆国の間には（　　　　　　）洋が広がる。

(3)　大陸全てが1つの国なのは（　　　　　　　　　　　）である。

6

② 次の国旗を使っている国を，あとのア～エからそれぞれ選び，記号で答えましょう。

（　　　　　）（　　　　　）（　　　　　）（　　　　　）

ア　ブラジル　　イ　オーストラリア
ウ　イギリス　　エ　アメリカ合衆国

 ステップ③　やってみよう！！

次の問いに答えましょう。

(1)　右の地図にえがかれていない大
　　陸の名前を書きましょう。

（　　　　　　　　　　　）

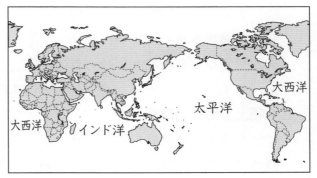

(2)　(1)の大陸以外で，大西洋にも太
　　平洋にも面している大陸名を，地
　　図を参考にして３つ書きましょう。

（　　　　　　　　　　　）（　　　　　　　　　　　）

（　　　　　　　　　　　）

チャレンジ！

次のチャ太郎のセリフの〔　　　〕にあてはまる方位を，それぞれ東西南北のどれ
かで答えよう。

日本はユーラシア大陸の〔　　　　　　　〕，
太平洋の〔　　　　　　　〕にあります。

7

答えは別さつ２ページ→

③ 日本の国土

ステップ1　かくにんしよう！

1　日本の位置とはんい

日本は海にかこまれた島国です。北海道，本州，四国，九州の４つの大きな島と，多くの島々が連なっています。東西南北のはしは，順に南鳥島，与那国島，沖ノ鳥島，択捉島です。沿岸から200海里（約370km）までの海を排他的経済水域（200海里水域）といい，天然資源開発などの権利が認められています。

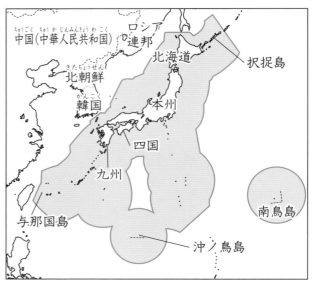

↑日本の位置とはんい

2　領土をめぐる問題

北方領土（歯舞群島，色丹島，国後島，択捉島）は，ロシア連邦に不法に占領されており，日本は返かんを求めています。

ステップ2　れんしゅうしよう！

1　次の(1)～(3)を何といいますか。ア～ウから選び，記号で答えましょう。

(1) 沿岸から200海里までの，天然資源開発などの権利がある海。

（　　　　　）

(2) 日本で最も大きい島。

（　　　　　）

(3) ロシア連邦に不法に占領されている４つの島。

（　　　　　）

　ア　本州　　イ　北方領土　　ウ　排他的経済水域

2 次の文の（　　）にあてはまることばを書きましょう。

(1) 日本の北のはしの島は（　　　　　　　　　　）である。

(2) 日本の南のはしの島は（　　　　　　　　　　）である。

(3) 沿岸から 200 海里までで，天然資源の開発の権利がある海を

　　（　　　　　　　　　　　）水域という。

(4) 日本固有の領土である歯舞群島，色丹島，国後島，択捉島の

　　（　　　　　　　　　　　）は，ロシア連邦に不法に占領されている。

ステップ3　やってみよう！！

右の地図を見て，次の問いに答えましょう。

(1) 次の表は，日本の東西南北のはしの島の
緯度と経度を示しています。表の①～④に
あてはまる島を，地図中のア～エからそれ
ぞれ選びましょう。

	緯度	経度
①	北緯 24 度	東経 154 度
②	北緯 24 度	東経 123 度
③	北緯 20 度	東経 136 度
④	北緯 46 度	東経 149 度

①（　　　　）　②（　　　　）　③（　　　　）　④（　　　　）

(2) 地図中のA，Bの国名をそれぞれ書きましょう。

　　　　A（　　　　　　　　　　　　　　　）

　　　　B（　　　　　　　　　　　　　　　）

9

答えは別さつ3ページ→

④ 日本の地形と気候

ステップ1　かくにんしよう！

1　日本の地形

　日本は山が多く，国土のおよそ4分の3が山地です。山にかこまれた平地を**盆地**といいます。**平野**は海に面しており，川が流れています。日本の川は，世界の川と比べて**流れが急で短く**なっています。

2　日本の気候

　日本には**四季**があります。6月中ごろから7月には，北海道以外のほとんどで雨が続く**つゆ**となり，夏から秋には**台風**がおそいます。南北で気候がことなるほか，夏に南東から，冬に北西からふく**季節風**が山脈にぶつかって雨や雪を降らせるため，地域によって雨や雪の量がことなります。

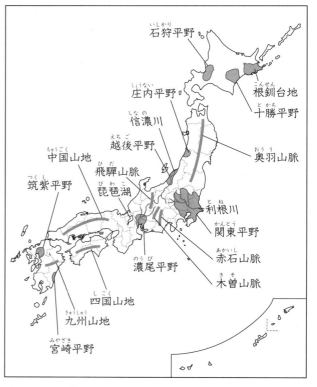

　石狩平野
　庄内平野
　信濃川
　越後平野
　中国山地
　飛驒山脈
　筑紫平野
　琵琶湖
　根釧台地
　十勝平野
　奥羽山脈
　利根川
　関東平野
　赤石山脈
　木曽山脈
　濃尾平野
　四国山地
　九州山地
　宮崎平野

↑日本の山・川・平野・湖

ステップ2　れんしゅうしよう！

1　次の(1)～(3)を何といいますか。ア～ウから選び，記号で答えましょう。

(1)　山にかこまれた平地。　　　　　　　　　　　　　（　　　　）

(2)　6月中ごろから7月に雨が多く降る期間。　　　　（　　　　）

(3)　夏から秋にかけて日本をおそう，雨をともなう強い風。　（　　　　）

　ア　台風　　イ　つゆ　　ウ　盆地

2 次の文の（　　）にあてはまることばを書きましょう。

(1) 日本の国土のおよそ４分の３は（　　　　　　　　　）である。

(2) 日本でいちばん大きな湖は（　　　　　　　　　）である。

(3) 夏に南東，冬に北西からふく風を（　　　　　　　　　）という。

ステップ3 やってみよう！

1 右のグラフを見て，世界の川と比べ
た日本の川の特色を，「流れ」「長さ」
ということばを使って，かんたんに説
明しましょう。

日本と世界の川

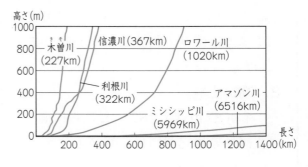

（　　　　　　　　　　　　　　　　　　　　）

2 右の図は，日本で季節風が冬にふく
ようすを示しています。雪がいちばん
多く降ると考えられるところを，図中
のア～エから選びましょう。

（　　　）

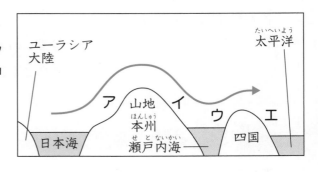

チャレンジ！

日本のまわりをかこんでいるのはどれかな？
ア 陸地　　イ 森林　　ウ 海　　エ さばく　　〔　　　〕

11

答えは別さつ３ページ→

5 低い土地と高い土地のくらし

学習した日

月　　日

ステップ1　かくにんしよう！

1　低い土地

　川にかこまれ，川の水面よりも低いところが多い岐阜県海津市には，水害からくらしを守るために，まわりを堤防でかこんだ「輪中」とよばれる土地があります。排水機場の建設や，川の流れを変えるなどの治水で水害は減り，稲作などが発達しました。

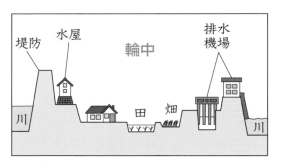

↑堤防とまちのようす

2　高い土地

　1000m以上の高いところにある群馬県嬬恋村では，夏でもすずしい気候を生かして，キャベツなどの高原野菜をつくっています。収穫は，ほかの産地の生産が少ない夏から秋にかけて行われます。

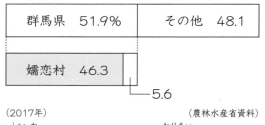

（2017年）　　　　　　　　（農林水産省資料）

↑出荷されたキャベツの割合

すずしい気候で野菜の収穫時期をおくらせることを抑制栽培というよ。

ステップ2　れんしゅうしよう！

1　次の文の（　　）にあてはまることばを書きましょう。

(1)　輪中は（　　　　　　　　　）でかこまれた土地である。

(2)　輪中にある，水をさけるために高いところに建てられたひなんするところを（　　　　　　　　）という。

(3)　群馬県嬬恋村は夏でも（　　　　　　　　　）気候である。

12

2 次の(1)〜(3)を何といいますか。ア〜ウから選び，記号で答えましょう。

(1) 夏でもすずしい高い土地でつくられるキャベツやレタス。　　（　　　　）

(2) 岐阜県海津市に見られる，堤防でかこまれた土地。　　　　　（　　　　）

(3) 川の流れを変えて，水を生活に利用できるようにすること。　（　　　　）

　　ア　治水　　イ　高原野菜　　ウ　輪中

ステップ3　やってみよう！

1 右の図を見て，次の問いに答えましょう。

(1) 次の説明にあてはまるところを，図中
のア〜ウからそれぞれ選びましょう。
　　① 　川の水が流れこんでくるのを防いで
　　　いる。　　　　　　　（　　　　）

　　② 　水が流れこんだときに，ひなんするところになっている。　（　　　　）

　　③ 　流れこんだ水がたまるまえに外に流し出している。　　　　（　　　　）

(2) 図で示した輪中とよばれる土地について，川の水面と比べたときの特徴を，か
んたんに説明しましょう。

（　　　　　　　　　　　　　　　　　　　　　　　　　　　　　　　　　）

2 次の(1)・(2)にあてはまることばを，{　　}から選び，○でかこみましょう。

(1) 高い土地は低い土地に比べて気温が{　高い・低い　}。

(2) 嬬恋村ではキャベツは{　夏から秋・冬から春　}に多く収
穫できる。

答えは別さつ4ページ→

⑥ あたたかい土地と寒い土地のくらし

ステップ1　かくにんしよう！

1　あたたかい土地

　一年を通じてあたたかく，台風が多い沖縄県(おきなわ)の伝統的(でんとう)な家は，高い気温や台風に備(そな)えたつくりです。水不足に備え，今の家は屋根の上に貯水(ちょすい)タンクがあります。あたたかな気候を利用し，さとうきびやパイナップルの生産や，観光がさかんです。また，沖縄県には，アメリカの軍用地が多く置かれています。

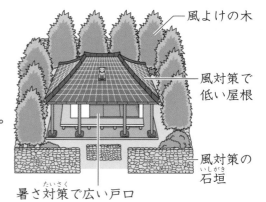

- 風よけの木
- 風対策で低い屋根
- 風対策の石垣(いしがき)
- 暑さ対策(たいさく)で広い戸口

↑沖縄の伝統的な家

2　寒い土地

　北海道(ほっかいどう)の家は，きびしい寒さや雪に備えたつくりです。雪は観光にも生かされています。十勝(とかち)平野では広い農地で大型(おおがた)の機械を使い，てんさいやじゃがいもなどを生産する畑作がさかんです。また，北海道には，先住民族のアイヌの人々のことばがもとになった地名が多くあります。

- 雪が落ちる急な屋根
- 二重まど
- 灯油タンク
- ドアが二重になったげんかん
- 温水パイプ

↑寒い地域(ちいき)の家のくふう

ステップ2　れんしゅうしよう！

① 次の(1)・(2)にあてはまることばを，{　　}から選び，○でかこみましょう。

(1) 沖縄県の家は，台風に備えて屋根が{ 低く・高く }なっている。

(2) 北海道の家のげんかんは，{ 寒さ・暑さ }に備えてドアが二重になっている。

② 次の文の（　）にあてはまることばを，あとの□から選びましょう。

(1) 沖縄県の家には，（　　　　　　　　）不足に備える貯水タンクがある。

(2) 沖縄県には，（　　　　　　　　　　　）の軍用地が多い。

(3) 寒い地域の家は，（　　　　　　　　）に備えたつくりをしている。

(4) 北海道の先住民族は，（　　　　　　　　　　）の人々である。

> アメリカ　　雪　　水　　アイヌ

ステップ③　やってみよう!!

沖縄県の家と北海道の家について，次の問いに答えましょう。

(1) 沖縄県の伝統的な家を示した右の図中のア〜エから，暑さを防ぐためのつくりになっているところを１つ選びましょう。

（　　　　　）

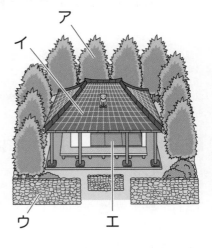

(2) 北海道の十勝平野で行われている農業の特徴を，「大型」ということばを使って，かんたんに説明しましょう。

（　　　　　　　　　　　　　　　　　　　　　　　　　）

チャレンジ！

琵琶湖はどれかな？

ア　　　イ　　　ウ　　　エ

〔　　　〕

答えは別さつ４ページ→

1 次の文の（　　）にあてはまることばを書きましょう。

(1)　緯度０度の線を（　　　　　　　　　）という。

(2)　地球を東西に０度から180度まで分けた線を（　　　　　　　）という。

(3)　地球を南北に０度から90度まで分けた線を（　　　　　　　）という。

2 (1)〜(3)にあてはまることばはどれですか。ア〜ウから選び，記号で答えましょう。

(1)　夏と冬でふく向きが変わる風。　　　　　　　　　　　（　　　　　）

(2)　６月中ごろから７月に続く雨。　　　　　　　　　　　（　　　　　）

(3)　夏から秋に日本をおそう，雨と強い風をともなうもの。　（　　　　　）

　　ア　つゆ　　イ　季節風　　ウ　台風

3 次の文の（　　）にあてはまることばはどれですか。ア〜エから選び，記号で答えましょう。

(1)　群馬県嬬恋村のような（　　　　　　　）土地では，気候を生かして高原野菜を

つくっている。

(2)　岐阜県海津市の（　　　　　　　）土地では輪中が見られる。

(3)　沖縄県は（　　　　　　　）気候を利用し，観光がさかんである。

(4)　北海道の家は（　　　　　　　）気候に備えたつくりになっている。

　　ア　寒い　　イ　高い　　ウ　あたたかい　　エ　低い

4 右の地図は，緯線と経線が30度ごとに引かれています。次の問いに答えましょう。

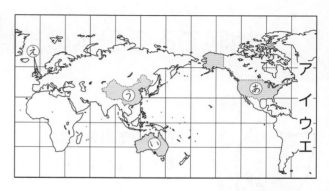

(1) 赤道を示す緯線を，地図中のア〜エから選び，記号で答えましょう。

(　　　　)

(2) 右の国旗を定めている国を，地図中のあ〜えから選び，記号で答えましょう。

(　　　　)

5 右の地図を見て，次の問いに答えましょう。

(1) 地図中のあの山脈を何といいますか。

(　　　　　　　　)

(2) 外国に占領されている，地図中のいで示した島々をまとめて何といいますか。また，この4島を占領している国を，地図中のア〜エから選び，記号で答えましょう。

名称 (　　　　　　　)　国 (　　　　)

(3) 地図中のうの地域は，比較的雨が少ない気候です。その理由を，「山地」ということばを使って，かんたんに説明しましょう。

(　　　　　　　　　　　　　　　　　　　　　　　　　　　)

チャレンジ！

チャ太郎の旅行先のようすをえがいた，右の絵の家の屋根が急なのはどうしてかな？

〔 　　　　　　　　　　　　　　　　　　　　 〕

答えは別さつ5ページ→

このページでは…

日本の気候を地図で
かくにんしよう!!

日本海側（にほんかい）の気候

温度（℃）／降水量（mm）

年平均気温
13.6℃

年降水量
2755.3mm

冬の降水量（こうすいりょう）が多い。

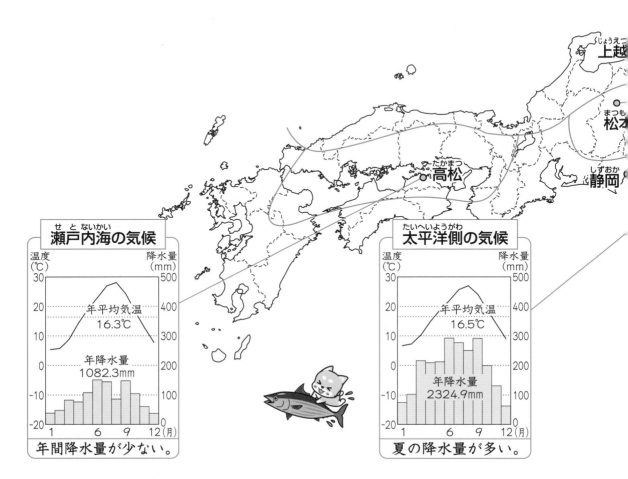

瀬戸内海（せとないかい）の気候

温度（℃）／降水量（mm）

年平均気温
16.3℃

年降水量
1082.3mm

年間降水量が少ない。

太平洋側（たいへいようがわ）の気候

温度（℃）／降水量（mm）

年平均気温
16.5℃

年降水量
2324.9mm

夏の降水量が多い。

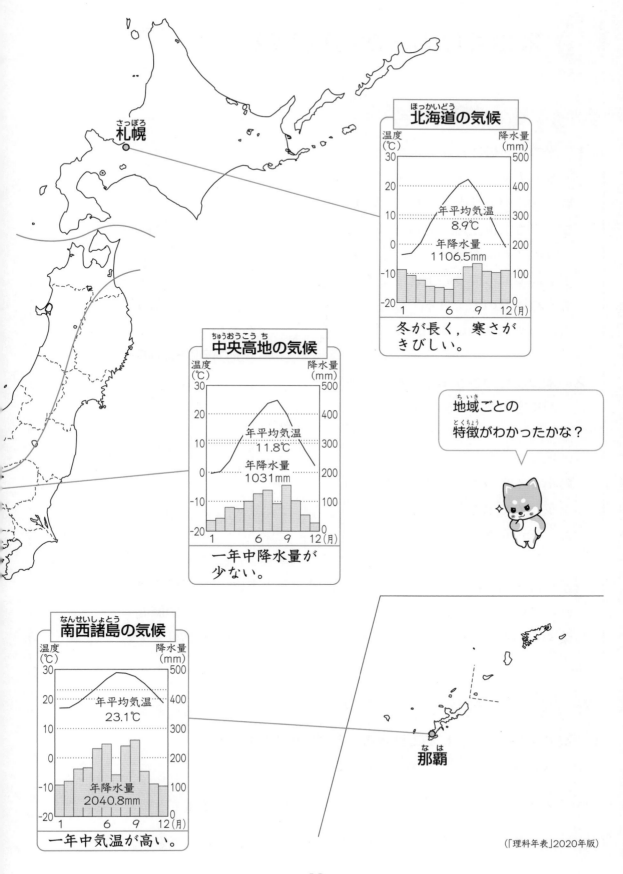

札幌

北海道の気候

温度（℃）　降水量（mm）

年平均気温
8.9℃

年降水量
1106.5mm

冬が長く，寒さが
きびしい。

中央高地の気候

温度（℃）　降水量（mm）

年平均気温
11.8℃

年降水量
1031mm

一年中降水量が
少ない。

地域ごとの
特徴がわかったかな？

南西諸島の気候

温度（℃）　降水量（mm）

年平均気温
23.1℃

年降水量
2040.8mm

一年中気温が高い。

那覇

（「理科年表」2020年版）

19

⑨ 米づくりのさかんな地域

ステップ1　かくにんしよう！

① 米づくりのさかんな地域

　米を主食としてきた日本では，稲を水田で育てる米づくりが，各地で行われています。なかでも，東北地方や新潟県，北海道は米づくりのさかんな地域です。もともと稲は，気温が高く，水の多い土地でよく育つ植物なので，日本では夏ごろにつくられています。

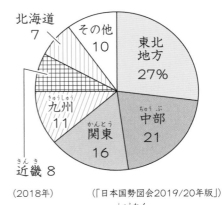

（2018年）　（「日本国勢図会2019/20年版」）

⬆地方別の米の収穫量

② 米づくりのさかんな平野

　酒田市がある山形県の庄内平野は，米づくりのさかんな地域です。広く平らな土地は，効率よく米づくりができ，川が多いので水も豊かです。また，春から夏の日照時間が長く，昼と夜，夏と冬の気温の差が大きい気候が米づくりに向いています。夏の季節風は，葉をかわかしたり，葉に日光を十分当てたりする働きがあります。

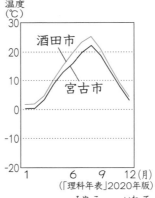

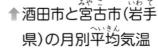

（「理科年表」2020年版）

⬆酒田市と宮古市（岩手県）の月別平均気温

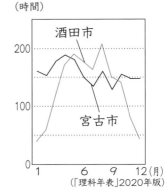

（「理科年表」2020年版）

⬆酒田市と宮古市の日照時間

ステップ2　れんしゅうしよう！！

1　次の文の（　　　）にあてはまることばを書きましょう。

(1)　日本は（　　　　　　　）を主食にしてきた。

(2)　米づくりは（　　　　　　　）地方や中部地方，北海道でさかんである。

(3)　山形県の（　　　　　　　）平野では米づくりがさかんである。

② 次の(1)～(3)にあてはまることばを，{ 　 }から選び，○でかこみましょう。

(1) 庄内平野は{ 　平ら・山がち　 }な地形で，米づくりが効率的に
行える。

(2) 庄内平野は春から夏の日照時間が{ 　短い・長い　 }。

(3) 庄内平野は，夏に{ 　南東・北東　 }からあたたかくかわいた風が
ふく。

ステップ③ やってみよう！

山形県の庄内平野は，気候が米づくりに向いているため，米の生産がさかんです。右の２つの資料からわかる，米づくりに向いている庄内平野の気候の特色は何ですか。次の文にあてはまるように，説明しましょう。

酒田市と宮古市の月別
平均気温

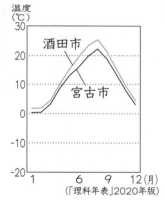

酒田市と宮古市の月別
日照時間

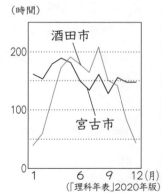

気温と日照時間が
ポイントなんだね。

庄内平野が米づくりに向いている気候の特色

特色1　庄内平野にある酒田市の平均気温は，宮古市に比べて，

（　　　　　　　　　　　　　　　　　　　　　）が大きい。

特色2　庄内平野にある酒田市の日照時間は，宮古市に比べて，

（　　　　　　　　　　　　　　　　　　　　　）が長い。

21

答えは別さつ５ページ→

⑩ 米づくりのようすとくふう

ステップ1　かくにんしよう！

1　米づくりのようす

　米づくりは，田植えの前から，なえ育てや，土をたがやす田おこし，田に水を入れて土を平らにする代かきなどの作業が始まっています。田植えのあとも，農薬をまいたり，水の管理を行ったりします。稲かりのあと，米は温度やしつ度が管理されたカントリーエレベーターに保管しています。

3月 4月 5月 6月 7月 8月 9月 10月
種もみ選び　なえ育て　代かき　田植え　水の管理　みぞをほる　農薬をまく　中干し　稲かり・だっこく　出荷　かんそう

⬆米づくりカレンダー

2　米づくりのくふう

　効率よく米をつくるために，耕地整理を行ったり，機械化を進めて農作業の時間を短くしたりしています。

　よりおいしい米づくりをめざして，品種改良や，農薬の使用量を減らす有機農業の研究，あいがも農法が取り入れられています。

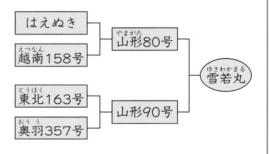

```
はえぬき ┐
         ├ 山形80号 ┐
越南158号 ┘          │
                     ├ 雪若丸
東北163号 ┐          │
         ├ 山形90号 ┘
奥羽357号 ┘
```

⬆品種改良の例

> 田おこしや代かきにはトラクター，田植えには田植え機，稲かりやだっこくにはコンバインを使うよ。

ステップ2　れんしゅうしよう！

1　次の(1)～(3)に使う機械はどれですか。ア～ウから選び，記号で答えましょう。

(1)　田植えの前に土をたがやしたり，平らにしたりする。　　　（　　　　）

(2)　稲かりやだっこくを行う。　　　（　　　　）

(3)　田植えを行う。　　　（　　　　）

　　ア　田植え機　　イ　コンバイン　　ウ　トラクター

2　次の文の（　　）にあてはまることばを書きましょう。

(1)　田植え前に田をたがやすことを（　　　　　　　　　　）という。

(2)　稲かり後，米は（　　　　　　　　　　　　　）に保管される。

(3)　農薬の使用量を減らす農業を（　　　　　　　）農業という。

(4)　代かきには，（　　　　　　　　　　）という機械を使う。

(5)　コンバインは，（　　　　　　　）やだっこくに使う機械。

 **ステップ3　やってみよう!!**

次の問いに答えましょう。

(1)　次のア～エを，米づくりを行う順番にならべかえましょう。

　　ア　稲かり　　イ　代かき　　ウ　農薬まき　　エ　田植え

　　　　　　　（　　　　　→　　　　　→　　　　　→　　　　　）

(2)　右の図は，米づくりにかかる労働時間の変化を示しています。なぜこのような変化がおきたのか，その理由を，かんたんに説明しましょう。

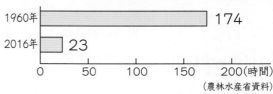

米づくりにかかる労働時間(10aあたり)

1960年　174
2016年　23

0　50　100　150　200(時間)
（農林水産省資料）

（　　　　　　　　　　　　　　　　　　　　　　　　　　）

チャレンジ!

米づくり農家になるとしたら，どんなお米をつくりたいかな？

〔　　　　　　　　　　　　　　　　　　　　　　　　　　〕

答えは別さつ6ページ→

11 米のゆくえと米づくりの課題

ステップ1 かくにんしよう！

1 米を全国にとどける

収穫した米の多くは**カントリーエレベーター**に保管され，**農業協同組合（JA）**の計画に従って出荷されたあと，**トラックや鉄道，フェリー**を活用して運ばれます。米のねだんには，米づくりにかかる費用のほか，輸送など**流通**にかかる費用や，広告にかかる費用などもふくまれています。

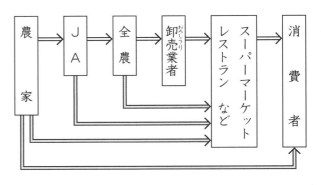

↑米がとどくまで（例）

2 米づくりがかかえる課題

日本では米があまるようになり，ほかの作物をつくる**転作**などが行われています。また，農業で働く人の数も減り，**高齢化**も進んでいます。

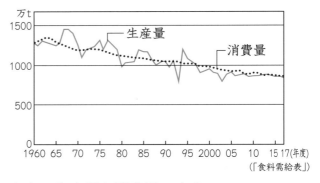

↑米の生産量と消費量の変化

Check! 米の消費量が減っているね。

ステップ2 れんしゅうしよう！

1 次の(1)〜(3)を何といいますか。ア〜ウから選び，記号で答えましょう。

(1) 収穫した米を集めて保管するところ。　　　　　　　　　（　　　　　）

(2) 生産されたものを，生産者から消費者にとどける働き。　（　　　　　）

(3) それまで育てていた作物の種類を，ほかの作物に変えること。（　　　　　）

　ア　流通　　イ　転作　　ウ　カントリーエレベーター

② 次の(1)・(2)にあてはまることばを，{　　}から選び，○でかこみましょう。

(1) 日本では米の{　消費量・生産量　}が減っているため，生産調整が行われた。

(2) 農業で働くわかい人の数は{　増えて・減って　}いる。

③ 次の文の（　）にあてはまることばを，あとの□から選びましょう。

カントリーエレベーターの米は，（　　　　　　　　）の計画に従って，高速道路を使う（　　　　　　　　）や鉄道で運ばれて，お店で販売されます。

消費者　　トラック　　ＪＡ　　フェリー

ステップ3　やってみよう！！

右のグラフから読み取れる，日本の農業がかかえる課題を２つ，かんたんに説明しましょう。

（
　　　　　　　　　　　　　　　　　）

（
　　　　　　　　　　　　　　　　　）

農業で働く人の数の変化

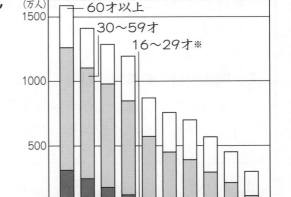

※1995年からは15〜29才　　（「農業構造動態調査ほか」）

チャレンジ！

米からできた食べ物はどれかな？

〔　　　〕

ア

イ

ウ

答えは別さつ6ページ→

12 野菜づくり

ステップ1　かくにんしよう！

1 野菜づくりのさかんな地域

　夏でもすずしい地域では、レタスやキャベツの抑制栽培を、冬でもあたたかい地域ではピーマンやなすの促成栽培を行っています。野菜の出回る量が少ない時期に出荷すると、高いねだんで売ることができます。大都市に近いところでは、新鮮なまま野菜を売ることができます。栽培時期の調整にはビニールハウスなどを使い、輸送には保冷トラックなどが使われます。

2 関東平野の野菜づくり

　茨城県などでは、大都市に近いことを生かした野菜づくりが行われています。

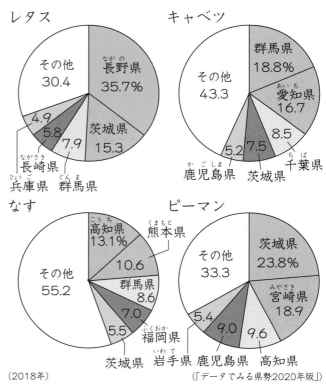

レタス
長野県 35.7%
茨城県 15.3
長崎県 7.9
群馬県 5.8
兵庫県 4.9
その他 30.4

キャベツ
群馬県 18.8%
愛知県 16.7
千葉県 8.5
茨城県 7.5
鹿児島県 5.2
その他 43.3

なす
高知県 13.1%
熊本県 10.6
群馬県 8.6
福岡県 7.0
茨城県 5.5
その他 55.2

ピーマン
茨城県 23.8%
宮崎県 18.9
高知県 9.6
鹿児島県 9.0
岩手県 5.4
その他 33.3

(2018年)

(「データでみる県勢2020年版」)

↑野菜の都道府県別生産量

ステップ2　れんしゅうしよう！

1 次の(1)・(2)にあてはまることばを、{　}から選び、○でかこみましょう。

(1) 夏でもすずしい地域では、{　レタス・ピーマン　}などの抑制栽培をしている。

(2) 野菜の輸送には、{　保冷トラック・タンカー　}などが使われる。

2 次の文の（　　）にあてはまることばを書きましょう。

(1) 野菜は，出回る量が少ない時期に出荷することで，（　　　　　）ねだんで

　　売ることができる。

(2) 野菜の栽培時期の調整には（　　　　　　　　　）などが使わ

　　れている。

ステップ③　やってみよう！！

　右の資料を見て，次の問いに答えましょう。

(1) グラフは，都道府県別のねぎの生産量を示してい
　　ます。上位の県に共通していることは何ですか。地
　　方に着目してかんたんに説明しましょう。

　　（　　　　　　　　　　　　　　　　　　　　　）

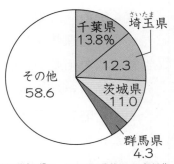

（2018年）（「データでみる県勢2020年版」）

(2) 図は，保冷トラックを示しています。冷やして運
　　ぶと，野菜にとって何がよいか，かんたんに説明し
　　ましょう。

　　（　　　　　　　　　　　　　　　　　　　　　）

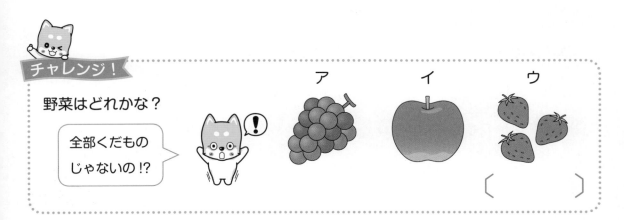

チャレンジ！

野菜はどれかな？

全部くだもの
じゃないの！？

ア　　　　　イ　　　　　ウ

〔　　　　　〕

27

answer答えは別さつ7ページ→

ステップ1　かくにんしよう！

1　くだものづくりのさかんな地域

くだものづくりには，気候のえいきょうが大きいため，栽培がさかんな地域がばらばらです。

みかんは和歌山県や愛媛県などのあたたかい地域で，りんごは青森県などのすずしい地域での生産がさかんです。山梨県の甲府盆地は水はけがよく，ももやぶどうの栽培がさかんです。

2　福島盆地のくだものづくり

水はけがよく，夏の気温が高い福島盆地では，ももをはじめとしたくだものづくりがさかんです。ももは，やわらかいため，取り入れまで一つ一つ手で作業します。

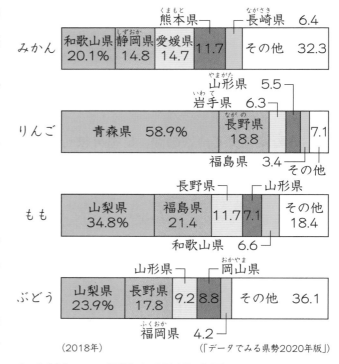

みかん	和歌山県 20.1%	静岡県 14.8	愛媛県 14.7	熊本県 11.7	長崎県 6.4 ／ その他 32.3

りんご	青森県 58.9%	長野県 18.8	岩手県 6.3 ／ 山形県 5.5 ／ 福島県 3.4 ／ その他 7.1

もも	山梨県 34.8%	福島県 21.4	長野県 11.7	山形県 7.1	和歌山県 6.6 ／ その他 18.4

ぶどう	山梨県 23.9%	長野県 17.8	山形県 9.2	岡山県 8.8	福岡県 4.2 ／ その他 36.1

(2018年)　　　　（「データでみる県勢2020年版」）

↑くだものの都道府県別生産量

ステップ2　れんしゅうしよう！

1　次の文の（　　）にあてはまることばを書きましょう。

(1)　りんごは特に（　　　　　　　　　）県での栽培がさかんである。

(2)　福島盆地のももづくりでは，ももがやわらかいことから

（　　　　　　　　　）で作業をしている。

2　次の(1)～(3)にあてはまることばを、{ }から選び、○でかこみましょう。

(1)　みかんは { 　あたたかい・すずしい　 } 地域での栽培がさかんで、和歌山県や静岡県、愛媛県がおもな産地である。

(2)　りんごは、{ 　あたたかい・すずしい　 } 地域での栽培がさかんである。

(3)　山梨県の甲府盆地は、{ 　水はけ・水もち　 } がよいことを生かして、ももやぶどうの栽培がさかんである。

ステップ❸　やってみよう！

　右の地図中のア・イはそれぞれ、りんごのおもな産地とみかんのおもな産地を示(しめ)しています。みかんの産地は、ア・イのどちらですか。また、そう考えた理由を、気候の特色にふれてかんたんに説明しましょう。

南の方と北の方に分かれているね！

(2018年)
(「データでみる県勢2020年版」)

記号

（　　　　　　）

理由

（　　　　　　　　　　　　　　　　　　　　　　　　　　　　）

チャレンジ！

みかんを栽培しているところの地図記号はどれかな？

ア ○　　イ ||　　ウ 开　　エ ⊕　　　　（　　　　）

答えは別さつ7ページ→

ステップ1　かくにんしよう！

1　畜産のさかんな地域

　　畜産とは，牛やぶた，にわとりから牛乳や肉，たまごをとる農業です。北海道は乳牛と肉牛のどちらも多く飼育しています。九州地方では肉牛の飼育がさかんです。たまご用にわとりは，大都市に近い関東地方で多く飼育されています。畜産農家は，近年，農家１戸あたりの規模がだんだん大きくなってきています。

2　畜産のくふうとなやみ

　　あとをつぐ人が減り，働く人の高齢化が進んでいます。外国から安い肉の輸入などが増えていますが，飼料は輸入したものが多く使われており，お金がかかります。そこで，畜産のブランド化を進めてよいものをつくったり，家畜を育てて出荷し，店にとどけるまでの情報をトレーサビリティで記録したりといったくふうを行っています。

乳牛

| 北海道 59.6% | | その他 27.5 |

栃木県3.9 ─┐　┌─ 熊本県3.2
岩手県3.2 ─┘　└─ 群馬県2.6

肉牛

鹿児島県 ─┐　┌─ 宮崎県

| 北海道 20.9% | 13.1 | 9.7 | その他 47.6 |

熊本県5.1 ─┘　└─ 岩手県3.6

ぶた

鹿児島県 ─┐　┌─ 北海道6.8

| 13.8 % | | その他 57.1 |

宮崎県8.9　　群馬県6.7
千葉県6.7

たまご用にわとり

千葉県6.8　　　鹿児島県5.9

| 7.6 | | その他 68.6 |

茨城県　　群馬県5.3
岡山県5.8

(2018年)　（「日本国勢図会2019/20年版」）

↑畜産物の都道府県別飼育頭数

ステップ2　れんしゅうしよう！

1 次の文の（　　）にあてはまることばを書きましょう。

(1) 牛やぶた，にわとりなどを飼育して，肉や乳製品をつくる農業を

（　　　　　　　　）という。

(2) 家畜の飼育から出荷，店にとどくまでの情報が記録されている

ようなしくみを（　　　　　　　　　　　　）という。

確認しよう

2　次の(1)～(4)にあてはまることばを，{　　}から選び，○でかこみましょう。

(1)　九州地方では，{　肉牛・乳牛　}の飼育がさかんである。

(2)　たまご用にわとりは，{　北海道・関東地方　}で多く飼育さ
ている。

(3)　畜産業では{　わかい人・高齢者　}の割合（わりあい）が高くなっており，

あとをつぐ人が{　増えている・減っている　}。

(4)　家畜のえさである飼料は{　輸入・国産　}が多い。

ステップ3　やってみよう！！

　乳牛の飼育頭数と，飼育している農家
の戸数を示（しめ）した右のグラフを見て，飼育
している農家1戸あたりの飼育頭数はど
のように変化してきましたか。かんたん
に説明しましょう。

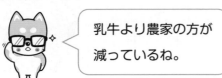

乳牛より農家の方が
減っているね。

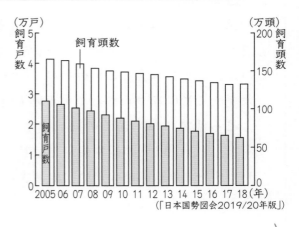

（万戸）
飼育戸数　5
4
3
2
1
0

飼育頭数

（万頭）
200　飼育頭数
150
100
50
0

2005 06 07 08 09 10 11 12 13 14 15 16 17 18（年）
（「日本国勢図会2019/20年版」）

チャレンジ！

牛乳パックはリサイクルしたら何になるかな？
ア　石けん　　イ　パソコン
ウ　紙　　　　エ　スマートフォン　　〔　　　　〕

31　　　　　　　　　　　　答えは別さつ8ページ→

15 とる漁業

ステップ1　かくにんしよう！

1 水産業がさかんな地域

　日本のまわりにはあたたかい暖流とつめたい寒流が流れており，暖流と寒流がぶつかる潮目はプランクトンが多く，たくさんの種類の魚が集まります。また，日本のまわりには，水深が200mぐらいまでの海底（大陸だな）が広がっていて，海そうなどがよく育ちます。

2 日本の漁業

　漁では，魚群探知機（ソナー）を使って魚をさがし，あみで魚をかこいこむまきあみ漁などが行われています。とった魚は漁港に運び，種類ごとや大きさごとに箱づめされて魚市場でせりにかけられます。

　とる漁業には，遠くの海に出かけて長い期間行う遠洋漁業，10t以上の船を使って数日がかりで行う沖合漁業，10t未満の船を使う漁や，定置あみ，地引きあみで行う沿岸漁業があります。

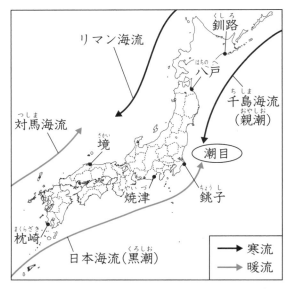

↑おもな漁港と海流

ステップ2　れんしゅうしよう！

① 次の文の（　　）にあてはまることばを書きましょう。

(1) 日本のまわりには，水深が200mぐらいまでのゆるやかな斜面の海底である

（　　　　　　　　　　　）が広がっている。

(2) 水あげした魚は魚市場で（　　　　　　　　）にかけられる。

2　次の(1)～(3)の説明にあてはまる漁業をア～ウから選び，記号で答えましょう。

(1)　遠くの海に出かけ，長い期間行う漁業。　　　　　　　（　　　　　）

(2)　10t以上の船を使って，数日がかりで行う漁業。　　　（　　　　　）

(3)　10t未満の船を使う漁や，定置あみ，地引きあみで行う漁業。（　　　　　）

　　ア　沖合漁業　　イ　沿岸漁業　　ウ　遠洋漁業

3　次の文の（　　）にあてはまることばを書きましょう。

(1)　暖流と寒流がぶつかるところを（　　　　　　　　　　）といい，魚のえさである

　　（　　　　　　　　　　　　　　　　）が多くなっている。

(2)　漁で魚をさがすときには，（　　　　　　　　　　　　　）とよばれる機械を使う。

ステップ3　やってみよう！！

　　右の地図を見て，次の問いに答えましょう。

(1)　①～④の海流の名前を書きましょう。

　　①（　　　　　　　　　　）

　　②（　　　　　　　　　　）

　　③（　　　　　　　　　　）

　　④（　　　　　　　　　　）

(2)　①～④の海流のうち，暖流を2つ選びましょう。　　（　　　　　）

　　　　　　　　　　　　　　　　　　　　　　　　　　（　　　　　）

33

答えは別さつ8ページ→

16 育てる漁業と漁業の課題

学習した日

月　　　日

ステップ1　かくにんしよう！

1　育てる漁業

　たまごから成魚になるまでいけすなどで育てる養しょく業や、たまごをかえして川や海に放流し、魚が大きくなってからとる栽培漁業が行われています。これらの育てる漁業は安定して魚をとることができますが、プランクトンが大量発生する赤潮や、台風による被害を受けることもあります。

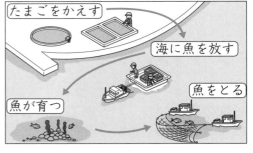

⬆栽培漁業のしくみ

2　水産業のかかえる課題

　1970年代に入り、世界の国々が200海里水域（排他的経済水域）を設定したことで、遠洋漁業の漁獲量は大きく減りました。また、魚のとりすぎや漁場環境の変化で魚が減ったり、安い輸入品が増えたりして、沖合漁業や沿岸漁業も漁獲量が減少しています。漁業で働く人の数が減り、高齢化が進んでいることや、養しょく業のえさ代が高いといった問題もあります。

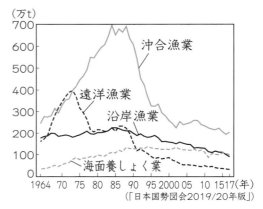

⬆漁業別生産量の変化

（「日本国勢図会2019/20年版」）

ステップ2　れんしゅうしよう！

1　次の(1)〜(3)の説明にあてはまる漁業をア〜ウから選び、記号で答えましょう。

(1)　たまごから出荷まで、人の手で育てる漁業。　　　　（　　　　　）

(2)　たまごを人の手でかえして海や川に放流し、大きくなってからとる漁業。

（　　　　　）

(3)　200海里水域の設定で漁獲量が大きく減った漁業。　（　　　　　）

　ア　栽培漁業　　イ　養しょく業　　ウ　遠洋漁業

2 次の(1)～(3)にあてはまることばを，{　　}から選び，○でかこみましょう。

(1) プランクトンが大量に発生する{ 黒潮(くろしお)・赤潮(しお) }で，養しょく業

が被害を受けることがある。

(2) 外国からの{ 安い・高い }魚の輸入が増えている。

(3) 漁業で働く人の数は{ 増えて・減って }いる。

ステップ3　やってみよう‼

右のグラフを見て，次の問いに答えましょう。

(1) ア～ウから，次の漁業にあてはまるもの
をそれぞれ選びましょう。

沖合漁業（　　　　）

沿岸漁業（　　　　）

海面養しょく業（　　　　）

(万t)
700
600
500
400
300
200
100
0
イ
遠洋漁業
ア
ウ
1964 70 75 80 85 90 95 2000 05 10 1517(年)
（「日本国勢図会2019/20年版」）

(2) 遠洋漁業が1970年代から減り始めた理由を，解答(かいとう)らんに合うようにかんた
んに説明しましょう。

(世界の国々が　　　　　　　　　　　　　　　　　　　　　　　　　　　　　　　　　　　　)

チャレンジ！

次のチャ太郎のセリフの〔　　〕にあてはまる魚はどれかな？

ぼくが乗っているのは，静岡(しずおか)県や高知(こうち)
県で有名な〔　　　　　　　　〕だよ！

ア　かつお
イ　まぐろ
ウ　さんま

答えは別さつ9ページ→

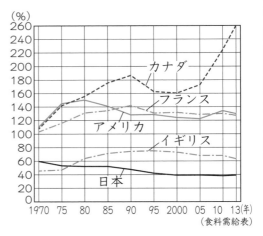

17 食料生産

ステップ1　かくにんしよう！

1　日本の食料生産をめぐる課題

　日本の食料自給率は，おもな国に比べて低くなっています。食生活の変化で小麦や肉，乳製品などの輸入が増えています。農業も漁業も働く人が減って高齢化が進んでいることもあり，生産量が増えていません。また，使われなくなった田畑（耕作放棄地）も増えてきています。

↑日本とおもな国の食料自給率

2　課題への取り組み

　フードマイレージを減らし，地域でとれたものを地域で消費する地産地消の取り組みが行われています。

フードマイレージは，（食料の重さ）×（輸送きょり）で求められるよ。少ない方がいいんだって！

品目	自給率
米	自給率　96%
くだもの	40
野菜	79
肉	52
小麦	14
大豆	7

（2017年度）　　　　　　　　　　（食料需給表）

↑品目別の食料自給率

ステップ2　れんしゅうしよう！！

1　次の文の（　　）にあてはまることばを書きましょう。

(1)　食料のうち，自国で生産している割合を（　　　　　　　　）という。

(2)　地域で生産したものを地域で消費する（　　　　　　　　）の取り組みが進められている。

2 次の(1)〜(4)にあてはまることばを，{   }から選び，○でかこみましょう。

(1) 日本の食料自給率は，アメリカよりも{ 高い・低い }。

(2) 日本の食料自給率は，約{ 40・60 }％である。

(3) 日本は小麦の多くを{ 輸入・輸出 }している。

(4) （食料の重さ）×（輸送きょり）で求めることができる値を

{ 耕作放棄地・フードマイレージ }という。

ステップ3 やってみよう!!

次の問いに答えましょう。

(1) 右の天ぷらそばのうち，国産の割合が最も高いものと最も低いものをそれぞれ選んで書きましょう。

最も高いもの（   ）

最も低いもの（   ）

えび
輸入
90.0%

たら（すり身）
75.3%

（2018年度）

ねぎ
12.9%

そば
72.2%

（農林水産省資料）

(2) 日本の消費者が，国産のものより外国産のものを選ぶ理由は何ですか。右のグラフからわかることを，かんたんに説明しましょう。

（   ）

外国産と国産の食料のねだん

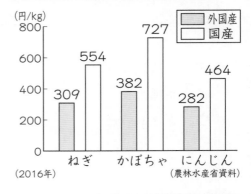

（2016年）

（農林水産省資料）

37

答えは別さつ9ページ→

1 次の(1)〜(4)にあてはまることばを，{ }から選び，○でかこみましょう。

(1) 米づくりには，日照時間の{ **長い・短い** }気候の地域が適している。

(2) 稲の収穫は，昔は手作業で行っていたが，今は
{ **トラクター・コンバイン** }を使っている。

(3) 野菜は，すずしい気候に向く作物を夏に出荷すると，
{ **高い・安い** }ねだんで売ることができる。

(4) 日本の漁業は，各国の200海里水域が決められたことで
{ **遠洋漁業・沿岸漁業** }の漁獲量が減った。

2 次の資料と関係の深いことがらをア〜ウから選び，記号で答えましょう。

（　　　　）　　　　（　　　　）　　　　（　　　　）

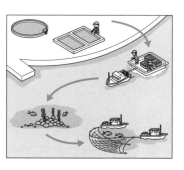

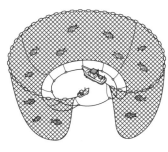

ア　栽培漁業

イ　品種改良

ウ　まきあみ漁

栽培漁業は，育てる
漁業の一つだね。

3 日本の食料生産について，次の問いに答えましょう。

(1) 右の地図は，ある統計の上位5都道府県を
示したものです。あてはまる作物を，ア～エ
から選び，記号で答えましょう。

　ア　キャベツの生産量
　イ　肉牛の飼育数
　ウ　米の生産量
　エ　みかんの生産量　　　　（　　　　　　）

（2018年）　　（「日本国勢図会2019/20年版」）

(2) 次のア～エを，米づくりを行う順番にならべかえましょう。

　ア　稲かり　　　イ　代かき　　ウ　農薬まき　　エ　田植え

（　　　　　→　　　　→　　　　→　　　　）

(3) 右のグラフは，日本の漁業別の生産量の
変化を示しており，ア～エにはそれぞれ養
しょく業，遠洋漁業，沖合漁業，沿岸漁業
があてはまります。遠洋漁業にあてはまる
ものを，ア～エから選び，記号で答えましょ
う。　　　　　　　　　　　　（　　　　　）

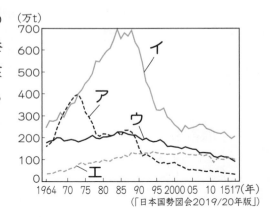

（「日本国勢図会2019/20年版」）

(4) 右の絵は，スーパーマーケットの野菜売り場の
ようすです。この売り場で行われている食の安全
のための取り組みとはどのようなことですか。か
んたんに説明しましょう。

（

　　　　　　　　　　　　　　）

答えは別さつ10ページ→

このページでは…

日本の食料生産を地図で
かくにんしよう!!

凡例:
- 🌾 米
- 🥬 はくさい
- 🥬 キャベツ
- 🥬 レタス
- 🌱 ねぎ
- 🫑 ピーマン
- 🥒 きゅうり
- 🍆 なす
- 🍊 みかん
- 🍎 りんご
- 🍇 ぶどう
- 🍑 もも
- 🐷 ぶた
- 🐓 にわとり（たまご用）
- 🐮 肉牛
- 🐄 乳牛

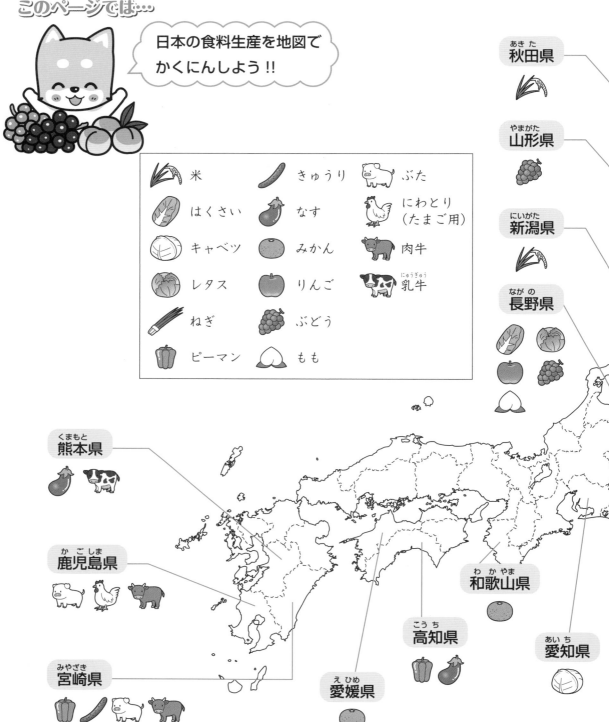

- あきた 秋田県
- やまがた 山形県
- にいがた 新潟県
- ながの 長野県
- くまもと 熊本県
- かごしま 鹿児島県
- みやざき 宮崎県
- えひめ 愛媛県
- こうち 高知県
- わかやま 和歌山県
- あいち 愛知県

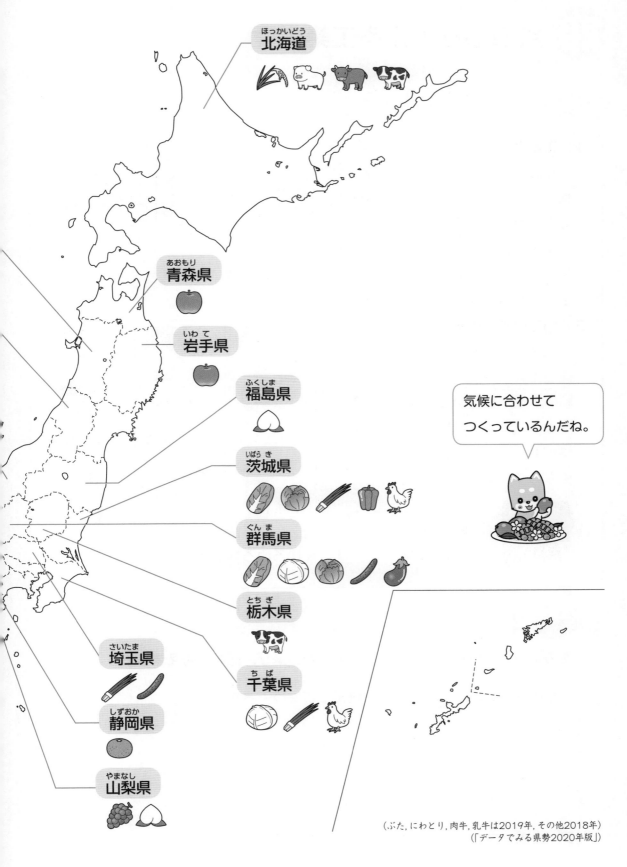

20 くらしを支える工業生産

学習した日　　月　　日

ステップ1　かくにんしよう！

1 工業とは

原料をもとに，人が工場で道具や機械などを使って，くらしに必要なものをつくる産業を工業といいます。工業製品は昔に比べて便利なものが増え，わたしたちの生活を支えています。日本では，機械工業がさかんです。

```
         金属工業      化学工業   食料品工業
    ┌─────┐         ┌──────┐ ┌──────┐
    │12.9 │ 機械工業 45.9 │12.8│12.6│ その他
    │ %   │              │    │    │ 14.5
    └─────┘         └──────┘ └──────┘
                    せんい工業  1.3
```

(2016年)　　　　　　　　　　　　　　　（「日本国勢図会2019/20年版」）

⬆ 日本の工業

2 いろいろな工業

工業は，生産する製品によって，機械工業，金属工業，化学工業，食料品工業，せんい工業などに分類できます。日本は各地にたくさんの工場があり，さまざまな工業製品がつくられています。

食べ物もつくっているんだね。

機械工業	金属工業	化学工業
食料品工業	せんい工業	そのほかの工業

⬆ いろいろな工業

ステップ2　れんしゅうしよう！

1　次の(1)〜(3)を何といいますか。ア〜ウから選び，記号で答えましょう。

(1)　原料をもとに，工場で道具や機械などをつくる産業。　　　（　　　）

(2)　日本の工業生産の中心となっている工業。　　　（　　　）

(3)　鉄板やレールなどをつくる工業。　　　（　　　）

ア　金属工業　　イ　工業　　ウ　機械工業

42

2 次の製品をつくる工業を，ア～ウから選び，記号で答えましょう。

(　　　)　　　　　(　　　)　　　　　(　　　)

ア　化学工業　　イ　食料品工業　　ウ　機械工業

ステップ3　やってみよう！

次は，せんたく機の進化を示した表と，せんたくの移り変わりを示した図です。
工業の発展は，わたしたちの生活にどのような変化をもたらしたと考えられますか。
表と図を参考にして，かんたんに説明しましょう。

1930年	1955年	1980年	1990年	現在
初の国産せんたく機。	ローラーを回してだっ水した。	せんたくそうとだっ水そうの二そう式。	せんたくからだっ水まで全自動。	かんそう機能もついたせんたく機。

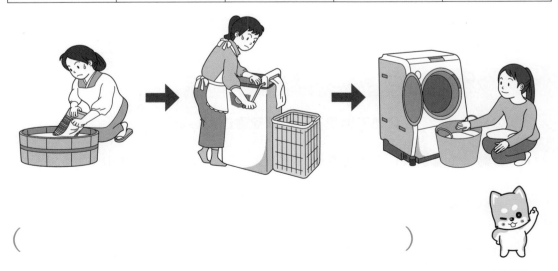

(　　　　　　　　　　　　　　　　　　　　　　)

答えは別さつ 10 ページ→

21 自動車生産①

ステップ1　かくにんしよう！

1　自動車生産のさかんな地域

　　自動車の生産額が最も多いのは愛知県です。特に，愛知県豊田市のまわりには多くの自動車工場や関連工場があります。

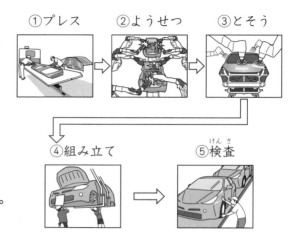

①プレス　　②ようせつ　　③とそう

④組み立て　　⑤検査

↑組み立て工場の組み立てライン

2　自動車の組み立て工場

　　自動車は，消費者の注文に合わせて，組み立てラインでつくられます。大きな部品や重い部品を取り付けるときや，きけんな作業のときは，機械やロボットが作業します。安全で効率よく作業するために，ラインにそって組み立てられています。

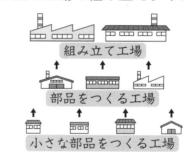

組み立て工場

部品をつくる工場

小さな部品をつくる工場

3　自動車の関連工場

　　自動車には約3万個の部品が使われています。組み立て工場の周辺には，部品をつくる関連工場があります。関連工場は，組み立て工場が組み立てる時間に合わせて，部品をとどけています。これをジャスト・イン・タイム方式といいます。

↑組み立て工場と関連工場

Check!

ステップ2　れんしゅうしよう！

① 次の文の（　　）にあてはまることばを書きましょう。

(1)　自動車生産が特にさかんなのは，（　　　　　　　）県豊田市である。

(2)　自動車を完成させる工場を（　　　　　　　　）という。

(3)　自動車の部品をつくる工場を（　　　　　　　）という。

2　次の(1)～(5)にあてはまることばを，ア～オから選び，記号で答えましょう。

(1) 金属板を切り取り，機械で曲げるなどして
ドアなどをつくる。　　　　　　　　　　　（　　　　　）

(2) 買う人の希望に合わせて，さまざまな色に
ぬり分ける。　　　　　　　　　　　　　　（　　　　　）

(3) おもにロボットを使い，部品をつなぎ合わせる。

（　　　　　）

(4) 次々にやってくる車体に部品を取り付ける。

（　　　　　）

(5) 組み立てられた自動車のブレーキや水もれを
調べる。　　　　　　　　　　　　　　　　（　　　　　）

　ア　プレス　　イ　組み立て　　ウ　ようせつ　　エ　とそう　　オ　検査

ステップ3　やってみよう!!

次の問いに答えましょう。

(1)　ステップ2　2　の(1)～(5)を，自動車をつくる順番にならべかえましょう。

（　　　　→　　　　→　　　　→　　　　→　　　　）

(2)　組み立て工場の組み立てる時間に合わせて，関連工場が部品をとどける方式を
何といいますか。

（　　　　　　　　　　　　　　　　　　　　　）方式

(3)　自動車の組み立てで，ロボットや機械が使われるのはどんなときですか。かん
たんに説明しましょう。

（

45

答えは別さつ11ページ→

22 自動車生産②

学習した日   月   日

ステップ1　かくにんしよう！

1　自動車でつながる世界

　完成した自動車は，近くへはおもに**キャリアカー**で，海外などへは**自動車専用船（せんよう）**で運ばれます。近年，自動車会社は，海外の工場で生産・販売（はんばい）する**現地（げんち）生産**が増えています。その国の好みに合った自動車を生産したり，仕事を増やして産業を発展（はってん）させることにこうけんしたりしています。

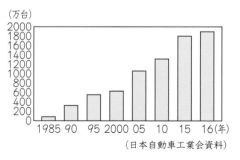

（万台）

（日本自動車工業会資料）

↑自動車の海外生産台数

2　進む自動車開発

　自動車は，シートベルトやエアバッグで安全性（せい）の向上がめざされています。ほかにも，環境（かんきょう）を考えた排出（はいしゅつ）ガスを出さない**燃料（ねんりょう）電池自動車**や電気自動車がつくられています。また，**自動運転システム**や，車いすで乗り降（お）りできる車や手だけで運転できる車の開発が行われています。乗るときだけでなく，使い終わった自動車の95％以上が**リサイクル**されるように法律（ほうりつ）が定められているなど，自動車づくりではさまざまなくふうが行われています。

↑車いすのまま乗り降りできる自動車

ステップ2　れんしゅうしよう！

1　次の文の（　　）にあてはまることばを書きましょう。

(1)　完成した自動車を近くに運ぶときは，（　　　　　　　　　　）などを使う。

(2)　人がハンドルそうさなどしなくても運転できる（　　　　　　　　　　）システムの開発が進められている。

46

2 次の(1)・(2)にあてはまることばを，{   }から選び，○でかこみましょう。

(1) 自動車の現地生産は{ 減って・増えて }いる。

(2) 燃料電池自動車や電気自動車は，二酸化炭素などの排出ガスを

{ 減らす・増やす }ねらいでつくられた。

3 次の資料と関係の深いことがらをア～ウから選び，記号で答えましょう。

(   )   (   )   (   )

  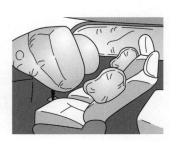

ア エアバッグ   イ 自動運転システム
ウ 車いすでも乗り降りしやすい車

ステップ3 やってみよう！

右のグラフは，自動車の海外生産の台数の変化を示
しています。これを見て，次の問いに答えましょう。

(1) 海外生産台数は，増えていますか，減っていますか。

(   )

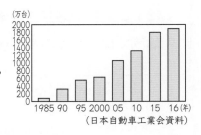
(万台)
2000
1800
1600
1400
1200
1000
800
600
400
200
1985 90 95 2000 05 10 15 16(年)
(日本自動車工業会資料)

(2) 海外生産をするとよいと考えられることを一つ，説明しましょう。

(   )

チャレンジ！

□に「車」を入れたら漢字にならないのはどれかな？
ア □圣   イ □云   ウ □侖   エ □軍   〔   〕

47

答えは別さつ11ページ→

ステップ1　かくにんしよう！

1　工業がさかんな地域

　工業がさかんな地域は，原料の輸入や製品の輸送に便利な海ぞいに広がっています。関東地方南部から九州地方北部にかけては工業地帯・地域が帯状につらなり，太平洋ベルトとよばれます。最近は，高速道路が各地に広がったことで，内陸部にも工業地域が広がるようになりました。

京浜工業地帯 24.5兆円　金属 8.3%　機械 50.9　化学 16.6　食料品 11.1　その他 12.6

中京工業地帯 55.1兆円　9.1%　69.2　せんい 0.5　0.8　10.0

阪神工業地帯 31.4兆円　20.0%　36.2　17.2　6.1　11.6　4.8　13.6

関東内陸工業地域 30.7兆円　11.1%　46.4　9.3　0.7　15.5　17.0

瀬戸内工業地域 29.1兆円　17.3%　36.8　20.6　1.4　8.4　2.2　14.7

京葉工業地域 11.5兆円　20.3%　13.9　38.6　16.9　0.2　10.1

(2016年)(「日本国勢図会2019/20年版」)

↑おもな工業地帯・地域別工業生産割合

2　工業地帯・地域の特色

　多くの工業地帯・地域は機械工業を中心としています。中京工業地帯は自動車工業がさかんで機械工業の割合が特に高く，全体の工業生産額は第一位です。工業生産額にしめる割合は，京浜工業地帯や京葉工業地域は化学工業，阪神工業地帯や瀬戸内工業地域は化学工業と金属工業，内陸にある関東内陸工業地域では食料品工業が高めになっています。

ステップ2　れんしゅうしよう！

1　次の(1)〜(3)を何といいますか。ア〜ウから選び，記号で答えましょう。

(1)　関東地方南部から九州地方北部に連なる工業のさかんな地域。（　　　　　）

(2)　日本で工業生産額が最も多い工業地帯。（　　　　　）

(3)　大阪府と兵庫県に広がる工業地帯。（　　　　　）

　ア　阪神工業地帯　　イ　中京工業地帯　　ウ　太平洋ベルト

② 次の(1)～(4)にあてはまることばを，{ }から選び，○でかこみましょう。

(1) 工業のさかんな地域は，{ 内陸・海ぞい }に多い。

(2) 東京都と神奈川県に{ 京浜・京葉 }工業地帯が広がる。
　　とうきょう　かながわ

(3) 中京工業地帯は特に{ 機械・化学 }工業がさかんである。

(4) 内陸部に工業地域が広がった大きな理由の一つに

{ 高速道路・鉄道 }の発達がある。

ステップ③ やってみよう！

右のグラフを見て，次の問いに答えましょう。

(1) 右のグラフ中の①～③は，京浜工業地帯・中京工業地帯・阪神工業地帯のいずれかの工業生産割合です。あてはまるものを書きましょう。

　①（　　　　　　　　）

　②（　　　　　　　　）

　③（　　　　　　　　）

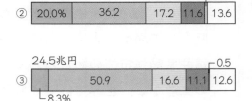

(2016年)　（「日本国勢図会2019/20年版」）

(2) グラフ中のすべての工業地帯をふくむ，海ぞいに帯のように広がる工業がさかんな一帯を何といいますか。

（　　　　　　　　　　　　　）

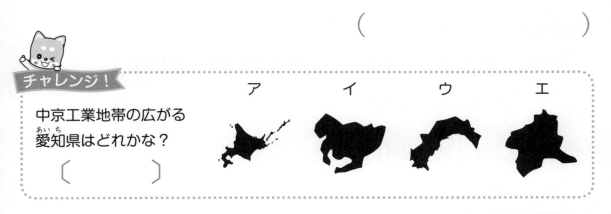

チャレンジ！

中京工業地帯の広がる
愛知県はどれかな？
あいち

ア　イ　ウ　エ

〔　　　〕

答えは別さつ 12 ページ→

㉔ 大工場と中小工場

ステップ1　かくにんしよう！

1　大工場と中小工場

　働いている人の数が300人未満の工場を中小工場，300人以上の工場を大工場と区別します。日本では，工場のほとんどが中小工場で，働く人の数も中小工場の合計の方が多くなっています。一方で，生産額は大工場が多くなっています。

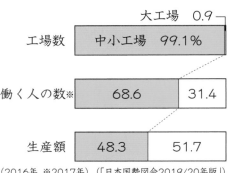

↑大工場と中小工場

2　中小工場

　中小工場は，生産量が少なかったり，つくりが細かいものを生産していたりするところが多くありますが，ねだんの安い部品をつくるところが多いため，1人あたりの生産額が大工場より少なくなっています。しかし，高い技術力を生かした大阪府東大阪市の工場や，古くからの技術を生かした福井県鯖江市でのめがねわくの生産など，世界で評価されている工場もたくさんあります。

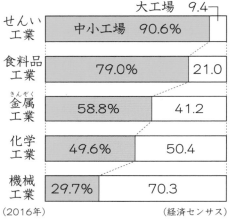

↑工業の生産額にしめる中小工場と大工場

ステップ2　れんしゅうしよう！

1　次の(1)・(2)を何といいますか。ア・イから選び，記号で答えましょう。

(1)　働く人の数が300人未満の工場。　　　（　　　　　）

(2)　働く人の数が300人以上の工場。　　　（　　　　　）

　ア　大工場　　イ　中小工場

2　次の(1)・(2)にあてはまることばを，{　　}から選び，○でかこみましょう。

(1)　日本の工場のほとんどは{　中小・大　}工場である。

(2)　工場で働く人の数は，{　中小・大　}工場が約7割_{わり}をしめる。

ステップ3　やってみよう！

1　右のグラフをもとに，中小工場で働く人1人あたりの生産額は，大工場で働く人1人あたりの生産額と比_{くら}べてどうなっているか，説明しましょう。

（　　　　　　　　　　　　　　　　）

働く人の数※	中小工場 68.6%		大工場 31.4
生産額	48.3		51.7

（2016年，※2017年）（「日本国勢図会2019/20年版」）

2　次の中小工場の人の話から，中小工場の長所を考えて書きましょう。

> わたしの工場では，手作業で金属の加工をしています。一人前になるには長い時間がかかりますよ。これまで，ロケットの先の部分や，天体観_{かん}測用_{そく}の大きなアンテナをつくりました。注文に合わせて1つずつつくるので，技術をみがき，新しいことを学ぶのはとても大切です。

（　　　　　　　　　　　　　　　　　　　　　　　　　　　）

チャレンジ！

パソコンやスマートフォン用めがねが防_{ふせ}いでいる光はどれかな？
ア　レッドライト　　イ　イエローライト
ウ　ブラックライト　エ　ブルーライト

〔　　　　〕

答えは別さつ12ページ→

25 工業の発展

ステップ1　かくにんしよう！

1 工業生産の変化

日本は，昔は**せんい工業**がさかんで，しだいに**機械工業**が中心となりました。生産額（がく）は 1960 年ごろから大きく増（ふ）えています。

2 日本の工業の課題

日本の工業製品がよく売れるようになると，1980 年代に，アメリカなどとの間で**貿易（ぼうえき）まさつ**がはげしくなり，日本企業（きぎょう）は現地生産（げんち）を増やしました。さらに，製品の生産費用（ひよう）をおさえられる**アジア**の工場への移転（いてん）も進み，国内の産業がおとろえる**産業の空どう化**が心配されています。また，環（かん）境（きょう）を考えた製品をつくり，資源（しげん）を有効（ゆうこう）に利用して**持続（かのう）可能な社会**をめざすことが求められています。

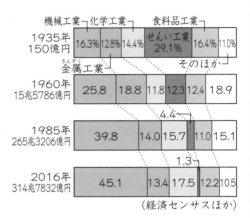

↑日本の工業生産の変化

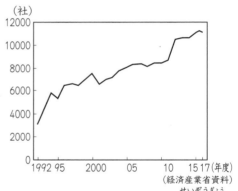

↑海外進出する日本企業（製造業（せいぞうぎょう））数

ステップ2　れんしゅうしよう！

1　次の（　　）にあてはまることばを書きましょう。

(1)　日本の工業の中心はせんい工業から（　　　　　　　　）工業に変化した。

(2)　1980 年代に，日本と外国との間で（　　　　　　　　）がおこり，工場の海外移転が進んだ。

② 次の(1)～(3)にあてはまることばを，{ }から選び，○でかこみましょう。

(1) 日本の工場の海外進出は，{ 増加・減少 } している。

(2) これからの工業には，環境を考えた { 産業の空どう化・

持続可能な社会 } を実現することが求められている。

(3) 海外で日本の工場が多く進出している地域は，

{ アジア・アフリカ } である。

🐾 ステップ③ 🐾 やってみよう！

産業の空どう化とはどういうことですか。次の2つのグラフから考えて，説明しましょう。

海外進出する日本企業（製造業）数

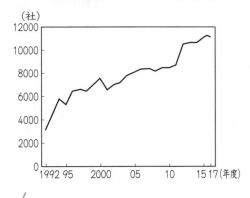

日本国内の工場数と工場で働く人の数

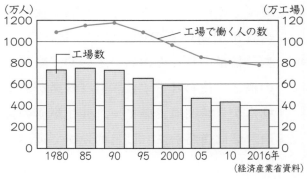

（経済産業省資料）

チャレンジ！

タイには，日本の工場が多くつくられているよ。タイの料理はどれかな？
ア ボルシチ　　　　イ フカヒレスープ
ウ ミネストローネ　エ トムヤムクン　　　　　　　〔　　　〕

53

答えは別さつ13ページ→

26 運輸

ステップ1　かくにんしよう！

1 日本の運輸

　　海にかこまれている日本では，外国との輸出や輸入は主に船を使います。国内輸送では，自動車による輸送が中心です。高速道路の近くに，荷物をのせかえるトラックターミナルや大規模な倉庫をつくり，品物をすばやく運べるくふうもされています。

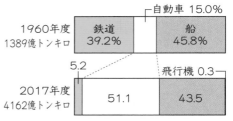

※1トンキロは1トンの荷物を1km運ぶこと。
（国土交通省資料）

⬆国内の貨物輸送の変化

2 さまざまな輸送方法

　　船は時間がかかりますが，一度に大量のものを運べ，輸送費用もおさえられます。世界共通の大きさのコンテナにものを入れて運ぶコンテナ船や，液体を運ぶタンカーなど，運ぶものによってさまざまな船が使われます。航空機は輸送費用が高いものの，はやく運ぶことができるので，小型・軽量でねだんの高いものや，新鮮さが求められるものの輸送に使われます。鉄道は線路があるところしか運べませんが，時間に正確で，二酸化炭素の排出量が少ないです。自動車は道路があれば目的地まで運ぶことができます。

コンテナは世界共通の大きさの容器だから，船にのせやすいよ。

ステップ2　れんしゅうしよう！

1　次の(1)〜(3)にあてはまる輸送方法を，ア〜ウから選び，記号で答えましょう。

(1) 輸送費は高いが，はやく運ぶことができる。　（　　　　）

(2) 時間はかかるが，輸送費は安く，一度に大量のものを運べる。（　　　　）

(3) 時間に正確で，二酸化炭素の排出量が少ない。　（　　　　）

　　ア　鉄道　　イ　航空機　　ウ　船

2 次の(1)～(3)にあてはまることばを，{　　}から選び，○でかこみましょう。

(1) 日本と外国との貿易では，主に{ 船・鉄道 }を使う。

(2) 日本国内の輸送の中心は{ 航空機・自動車 }である。

(3) 新鮮さが重要なものは主に{ 航空機・鉄道 }で運ぶ。

ステップ3 やってみよう！

次の問いに答えましょう。

(1) 日本の貨物輸送の中心が鉄道から自動車になった理由としてまちがっているものを1つ選びましょう。

ア 高速道路が全国に広がったから。

イ 目的地の近くまで運ぶことができるから。

ウ 鉄道より二酸化炭素の排出量が少ないから。

エ 大型トラックや保冷トラックが増えたから。 （　　　　）

(2) 次の船の名称を，あとのア～ウから選びましょう。

（　　　　　）　　　（　　　　　）　　　（　　　　　）

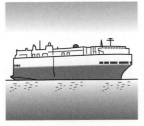  

ア タンカー　　イ コンテナ船　　ウ 自動車専用船

チャレンジ！

コンテナの形としていちばんいいのはどれかな？

ア　　　　　　イ　　　　　　ウ　　　　　　エ

   　　〔　　　　　〕

55 答えは別さつ13ページ→

27 貿易①

ステップ1 かくにんしよう！

1 日本の貿易

日本の貿易相手は，1位が中国，2位がアメリカです。貿易額が最も多い貿易港は成田国際空港です。名古屋港は，特に自動車の輸出がさかんです。

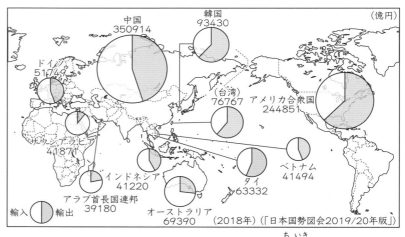

中国
350914

韓国
93430

（億円）

ドイツ
51749

（台湾）
76767

アメリカ合衆国
244851

サウジアラビア
41871

インドネシア
41220

ベトナム
41494

アラブ首長国連邦
39180

タイ
63332

オーストラリア
69390

輸入　輸出

（2018年）（「日本国勢図会2019/20年版」）

↑主な貿易相手国（地域）

2 日本の貿易の特色

日本は，ほとんどの原料や資源を輸入にたよっています。石油はサウジアラビア，石炭はオーストラリア，鉄鉱石はオーストラリアやブラジルからの輸入が多くなっています。輸出は機械類などの工業製品が中心です。

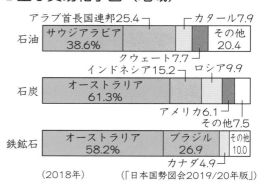

アラブ首長国連邦25.4┐　　┌カタール7.9

石油 | サウジアラビア 38.6% | | | その他 20.4

クウェート7.7

インドネシア15.2┐　　┌ロシア9.9

石炭 | オーストラリア 61.3% | | |

アメリカ6.1┘
その他7.5

石炭 | オーストラリア 58.2% | ブラジル 26.9 | その他 10.0

カナダ4.9┘

（2018年）　（「日本国勢図会2019/20年版」）

↑資源の輸入相手国

日本は資源の多くを輸入にたよっているよ。

ステップ2 れんしゅうしよう！

1 次の(1)～(3)にあてはまる国の名前を書きましょう。

(1) 日本の最大の貿易相手国。　（　　　　　　　　　　　）

(2) 日本の最大の石油の輸入先。（　　　　　　　　　　　）

(3) 日本の最大の石炭の輸入先。（　　　　　　　　　　　）

2 次の(1)～(3)にあてはまることばを，{ }から選び，○でかこみましょう。

(1) 日本最大の貿易港は{ 名古屋港・成田国際空港 }である。

(2) { 名古屋港・成田国際空港 }は，自動車の輸出がさかんである。

(3) 日本の輸出の中心は，{ 工業製品・原料 }である。

ステップ3 やってみよう！

次の問いに答えましょう。

(1) 次のグラフは，日本の資源の輸入相手国の割合を示したものです。①～③にあてはまる資源を，あとのア～ウからそれぞれ選び，記号で答えましょう。

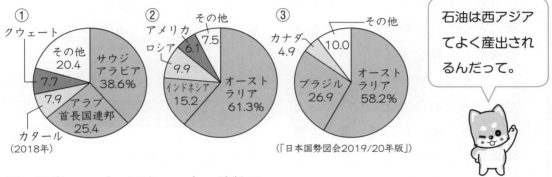

（「日本国勢図会2019/20年版」）

石油は西アジアでよく産出されるんだって。

ア 石炭　イ 石油　ウ 鉄鉱石

①（　　　）　②（　　　）　③（　　　）

(2) 日本からの輸出より，日本への輸入の方が多い国（2018年）を，次のア～エから1つ選びましょう。

ア アメリカ　イ 韓国<ruby>かんこく</ruby>　ウ タイ　エ サウジアラビア　（　　　）

チャレンジ！

石油からつくることができないものはどれかな？
ア 薬　イ タピオカ　ウ タイヤ　エ 洋服　〔　　　〕

(28) 貿易②

ステップ1 かくにんしよう！

1 日本の輸入の変化

輸入の中心は，昔は燃料や原料でした。今は，機械類を中心に工業製品の輸入が増えています。これは，アジアの国々で工業がさかんになったことや，海外にある日本の会社の工場から輸入することが増えたことが理由です。

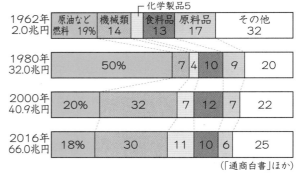

	化学製品5				
1962年 2.0兆円	原油など 燃料 19%	機械類 14	食料品 13	原料品 17	その他 32
1980年 32.0兆円	50%		7 4 10	9	20
2000年 40.9兆円	20%	32	7 12	7	22
2016年 66.0兆円	18%	30	11 10	6	25

（「通商白書」ほか）

↑日本の輸入品の変化

2 日本の輸出の変化

日本の輸出の中心は工業製品です。かつては原料を輸入し，製品に加工して輸出する加工貿易がさかんでした。以前に比べ，鉄鋼やせんい品の割合は低くなっています。また，海外の工場へ部品や機械類などを輸出することが増えています。

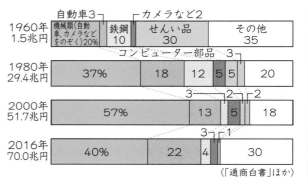

	自動車3		カメラなど2		
1960年 1.5兆円	機械類(自動 車,カメラなど をのぞく)20%	鉄鋼 10	せんい品 30		その他 35
			コンピューター部品	3	
1980年 29.4兆円	37%	18	12	5 5	20
		3		2 2	
2000年 51.7兆円	57%	13	5		18
		3	1		
2016年 70.0兆円	40%	22	4		30

（「通商白書」ほか）

↑日本の輸出品の変化

日本は資源が少ないから，燃料や原料の輸入は今も多いよ。

ステップ2 れんしゅうしよう！

① 次の(1)・(2)にあてはまるのは，輸出・輸入のどちらですか。書きましょう。

(1) かつては原料や燃料が中心だったが，最近は機械類も多い。

（　　　　　　　）

(2) かつてはせんい品や鉄鋼が中心だったが，現在は機械類が多い。

（　　　　　　　）

2 次の(1)・(2)にあてはまることばを，{　　　}から選び，○でかこみましょう。

(1) 日本では，かつて{ 原料・製品 }を輸入し，

{ 原料・製品 }に加工して輸出する加工貿易

がさかんだった。

(2) 近年，日本の工業製品の輸入が{ 増えて・減って }いる理

由として，アジアの国々の工業化や，日本企業(きぎょう)の海外進出がある。

ステップ3　やってみよう！

次の問題に答えましょう。

(1) 右のア・イは，日本の輸入品の変
化か輸出品の変化のいずれかです。
輸入品，輸出品にあてはまるものを
それぞれ選び，記号で答えましょう。

輸入品（　　　　　）

輸出品（　　　　　）

ア

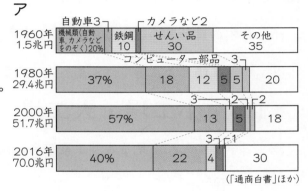

1960年 1.5兆円	機械類(自動車,カメラなどをのぞく)20%	鉄鋼 10	せんい品 30	その他 35	

自動車3／カメラなど2

| 1980年 29.4兆円 | 37% | 18 | 12 | 5 5 | 20 |

コンピューター部品 3

| 2000年 51.7兆円 | 57% | 13 | 5 | 18 |

3／2／2

| 2016年 70.0兆円 | 40% | 22 | 4 | 30 |

3／1

（「通商白書」ほか）

(2) 加工貿易とは，どのような貿易で
すか。「製品」「原料」ということば
を使って，説明しましょう。

（
　
　
　
　
　
　
）

イ

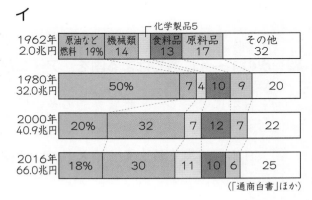

| 1962年 2.0兆円 | 原油など燃料 19% | 機械類 14 | 食料品 13 | 原料品 17 | その他 32 |

化学製品5

| 1980年 32.0兆円 | 50% | 7 4 10 9 | 20 |

| 2000年 40.9兆円 | 20% | 32 | 7 | 12 | 7 | 22 |

| 2016年 66.0兆円 | 18% | 30 | 11 | 10 | 6 | 25 |

（「通商白書」ほか）

ポイント

鉄鉱石(てっこうせき)を輸入して，船をつくって輸出したら，加工貿易だよ。

答えは別さつ14ページ→

1 次の(1)〜(3)の工場を何といいますか。ア〜ウから選び，記号で答えましょう。

(1) 自動車を完成させる工場。　　　　　　　　　　　　（　　　　　）

(2) 自動車の部品をつくる工場。　　　　　　　　　　　（　　　　　）

(3) 働いている人が300人未満の工場。　　　　　　　（　　　　　）

　　ア　中小工場　　イ　組み立て工場　　ウ　関連工場

2 次の(1)〜(3)にあてはまることばを，{　　}から選び，○でかこみましょう。

(1) 日本の自動車の現地生産は{　増えて・減って　}いる。

(2) 中小工場と大工場では，働く人一人あたりの生産額が多いのは

　　{　中小工場・大工場　}である。

(3) 日本の輸入品を見ると，工業製品の輸入は

　　{　増えて・減って　}いる。

3 次の(1)〜(4)にあてはまる国を，ア〜エから選び，記号で答えましょう。

(1) 日本にとって，一番貿易額の多い国。　　　　　　　（　　　　　）

(2) 日本が石炭を最も多く輸入している国。　　　　　　（　　　　　）

(3) 日本が，鉄鉱石を2番目に多く輸入している国。　（　　　　　）

(4) 日本が，石油を最も多く輸入している国。　　　　　（　　　　　）

　　ア　ブラジル　　イ　オーストラリア　　ウ　サウジアラビア　　エ　中国

4 右の地図を見て，次の問いに答えましょう。

(1) 右の地図中に⑤で示した，工業のさかんな地域を何といいますか。

（　　　　　　　　　　　　）

(2) 地図中の愛知県では，自動車の生産がさかんです。次の問いに答えましょう。

① 自動車の生産は，何という工業にふくまれますか。次のア〜エから選び，記号で答えましょう。

ア　金属工業　　イ　化学工業
ウ　機械工業　　エ　食料品工業

（　　　　　　　　　　　　）

② 次のア〜オを，自動車を組み立てる順番にならべかえましょう。

ア　　　　　イ　　　　　ウ　　　　　エ　　　　　オ

（　　　　→　　　　→　　　　→　　　　→　　　　）

③ 愛知県は，何という工業地帯にふくまれますか。

（　　　　　　　　　　　　）

(3) 右の表は，成田国際空港と名古屋港の主な輸入品を示したものです。名古屋港にあてはまるのはどちらですか。ア・イから選び，記号で答えましょう。また，そう考えた理由を，かんたんに説明しましょう。

	主な輸入品
ア	通信機，医薬品，集積回路
イ	液化ガス，衣類，石油，アルミニウム

(2018年)　　　　　（「日本国勢図会 2019/20 年版」）

記号（　　　　　　）

理由（

　　　　　　　　　　　　　　　　　　　　　　　　　　　）

答えは別さつ 15 ページ→

このページでは…

日本の工業地帯・地域を
地図でかくにんしよう‼

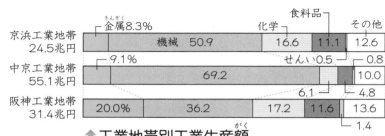

↑工業地帯別工業生産額

京浜工業地帯 24.5兆円　金属8.3%　機械 50.9　化学 16.6　食料品 11.1　その他 12.6

中京工業地帯 55.1兆円　9.1%　69.2　せんい0.5　0.8　10.0

阪神工業地帯 31.4兆円　20.0%　36.2　17.2　11.6　13.6　6.1　4.8　1.4

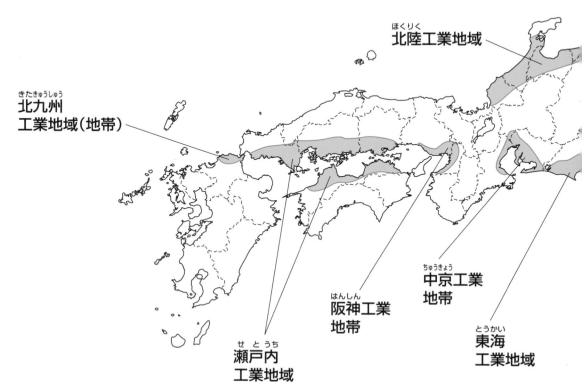

北陸工業地域

北九州工業地域（地帯）

瀬戸内工業地域

阪神工業地帯

中京工業地帯

東海工業地域

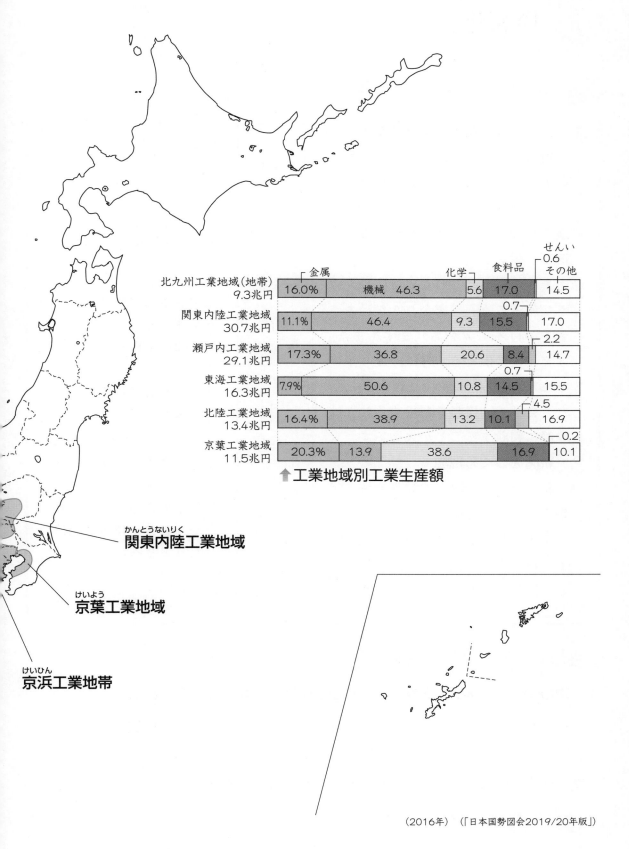

工業地域別工業生産額のグラフ

工業地域	金属	機械	化学	食料品	せんい	その他
北九州工業地域（地帯） 9.3兆円	16.0%	機械 46.3	5.6	17.0	0.6	14.5
関東内陸工業地域 30.7兆円	11.1%	46.4	9.3	15.5	0.7	17.0
瀬戸内工業地域 29.1兆円	17.3%	36.8	20.6	8.4	2.2	14.7
東海工業地域 16.3兆円	7.9%	50.6	10.8	14.5	0.7	15.5
北陸工業地域 13.4兆円	16.4%	38.9	13.2	10.1	4.5	16.9
京葉工業地域 11.5兆円	20.3%	13.9	38.6	16.9	0.2	10.1

⬆工業地域別工業生産額

かんとうないりく
関東内陸工業地域

けいよう
京葉工業地域

けいひん
京浜工業地帯

（2016年）（「日本国勢図会2019/20年版」）

31 情報化①

1 ニュース番組をつくる現場

情報を伝える方法をメディアといいます。ニュース番組は，放送局でつくられます。記者が情報を集め，編集長などがどの情報を伝えるかを選び，編集して，アナウンサーが伝えます。事実とことなる報道や大げさな報道で報道被害がおきないよう，気をつける必要があります。また，メディアの伝える内容は，送り手の考え方によって変わります。わたしたち自身も，情報を利用するときは，冷静に判断することが大切です。

2 新聞をつくる現場

新聞社では，取材や編集会議，記事の作成などを経て新聞をつくっています。新聞社では，「社説」などで自社の考えを伝えたり，1つのことをほりさげたりもしています。

テレビ	・映像や音声，文字で伝える。
ラジオ	・音声で伝える。 ・家事などをしながら利用できる。
新聞	・文字を中心に伝える。 ・持ち運べる。 ・切りぬいて保存できる。
ざっし	・文字や写真で伝える。 ・持ち運べる。
インターネット	・映像，音声，文字，写真，絵などで伝える。 ・世界中の情報をすぐに見たり，自分で情報を発信したりできる。

↑さまざまなメディア

ステップ2 れんしゅうしよう！

1 次の(1)・(2)のメディアを，ア・イから選び，記号で答えましょう。

(1) 世界中の情報をすぐに見たり，自分で情報を発信できたりする。　（　　）

(2) 音声で情報を伝え，家事などをしながら利用できる。　（　　）

ア ラジオ　イ インターネット

2　ニュース番組をつくる現場について，次の(1)～(3)にあてはまるものを，ア～ウから選び，記号で答えましょう。

(1)　情報を取材する人。　　　　　　　　　　　　　　　　　　　（　　　　　）

(2)　集めた情報のうち，何を使うか決める人。　　　　　　　　　（　　　　　）

(3)　ニュース番組で，情報を伝える人。　　　　　　　　　　　　（　　　　　）

　　ア　編集長　　イ　アナウンサー　　ウ　記者

ステップ3　やってみよう！

次の問いに答えましょう。

(1)　次の説明があてはまるメディアを，あとのア～エからそれぞれ選びましょう。

（　　　）	映像・音声・文字	子どもからお年寄りまで楽しめる。
（　　　）	文字中心	切りぬいて保存できる。 持ち運べる。
ざっし	文字や写真	持ち運べる。
（　　　）	音声	ほかのことをしながら利用できる。
（　　　）	映像・音声・文字・写真・絵	世界中の情報をすぐに見たり，自分で情報を発信できたりする。

　　ア　新聞　　イ　テレビ　　ウ　インターネット　　エ　ラジオ

(2)　ニュース番組や新聞では，テレビ局や新聞社によって内容がことなることがあります。その理由を説明しましょう。

（　　　　　　　　　　　　　　　　　　　　　　　　　　　　　　　　　　　）

65

答えは別さつ 15 ページ→

ステップ1 　かくにんしよう！

1　情報を生かす産業

　さまざまな産業で情報通信技術（ICT）の活用が広がっています。コンビニエンスストアでは，商品についたバーコードを機械で読み取って，売れた個数や種類などを自動で記録するPOSシステムが使われています。また，商品の配送では，GPSで配送車の運行状況をはあくしたり，インターネットで情報発信をしたりしています。

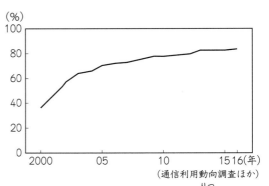

⬆インターネットのふきゅう率

2　情報を生かすために

　パソコンやスマートフォンの利用が広がり，インターネットを使う機会が増えています。一方で，インターネットを通じていじめや犯罪がおこることもあります。また，インターネット上に流れた情報は止められないため，個人情報の取りあつかいには十分注意しなければなりません。情報が常に正しいとは限らず，情報を正しく活用する能力や技能（メディアリテラシー）が求められています。

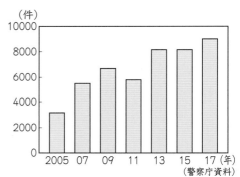

⬆インターネットを使った犯罪件数の変化

ステップ2 　れんしゅうしよう！

1　次の(1)・(2)を何といいますか。（　　）に書きましょう。

(1)　お店で，商品についたバーコードを機械で読み取り，売れた商品の個数や種類を記録するしくみ。　　　　　　（　　　　　　　　　　　　　）

(2)　情報を正しく活用する能力や技能。（　　　　　　　　　　　　　）

2 次の(1)～(3)にあてはまることばを，{   }から選び，○でかこみましょう。

(1) 情報通信技術を，{ GPS・ICT }という。

(2) インターネットのふきゅう率は，10年前よりも{ 増えて・

減って }いる。

(3) インターネットを利用した犯罪の件数は，10年前よりも

{ 増えて・減って }いる。

 やってみよう！

1　コンビニエンスストアの商品には，右のようなバーコードがついています。コンビニエンスストアでは，バーコードを機械で読み取ることで，どのような情報を集めていますか。1つ書きましょう。

4 580622 673531

(　　　　　　　　　　　　　　　　　　　)

2　情報化が進む社会の中で，わたしたちは情報を選んで活用する姿勢(しせい)が求められています。情報を選ぶ必要があるのはなぜですか。説明しましょう。

(　　　　　　　　　　　　　　　　　　　)

チャレンジ！

日本で初めてテレビが放映(ほうえい)されたときにうつったものはどれかな？

ア　漢字の「阿」　　　イ　カタカナの「イ」
ウ　ひらがなの「う」　エ　チャ太郎

〔　　　　　〕

ステップ1　かくにんしよう！

1　災害の多い日本

　日本は，世界自然遺産に登録される豊かな自然がある一方，自然災害の多い国です。複数のプレートが出合う位置にあることから地震が多く，2011年におきた東日本大震災では津波によって被害が拡大しました。また，つゆや台風による大量の雨は，こう水や土砂災害を引きおこします。さらに，多くの火山があり，活動中の火山もあって，火山の噴火もおこりやすくなっています。

津波は地震が引きおこすよ。

2　自然災害に備えて

　気象庁は，自然災害の前ぶれがあると，警報や緊急地震速報で警戒をよびかけています。地震に備え，建物に耐震工事を行うことも大切です。自治体は，自然災害による被害の予想を示したハザードマップを作成して住民に配布しています。国や県，市町村が協力し，防災対策を進めていますが，被害をできるだけ減らす減災のためにひとりひとりが備えることも大切です。

	26%以上
	6〜26%
	0〜6%

（今後30年で震度
6以上となる
確率）

（2010年1月）　　（地震調査研究推進本部資料）

↑地震の予想図

ステップ2　れんしゅうしよう！

1　次の(1)・(2)にあてはまることばを，{　　　}から選び，○でかこみましょう。

(1) 地震は{　津波・こう水　}を引きおこすことがある。

(2) 大雨で{　土砂災害・火山の噴火　}がおきることがある。

② 次の(1)～(3)にあてはまることばを，ア～ウから選び，記号で答えましょう。

(1) 自治体では，自然災害で被害を受ける範囲(はんい)の予想や避難所(ひなんじょ)などを示(しめ)した

　　　（　　　　　　　）を配布している。

(2) 地震がおきる直前，気象庁は（　　　　　　　）で警戒をよびかけている。

(3) 自然災害に備え，ひとりひとりが（　　　　　　　）に取り組むことが必要である。

　　ア　緊急地震速報　　イ　ハザードマップ　　ウ　減災

ステップ3　やってみよう！

次の問いに答えましょう。

(1) 右は，神奈川県(かながわ)のホームページに
のっている，防災に関する注意書き
です。なぜ，海岸近くで強い地震や
長い時間のゆれを感じたら，高台に
避難(ひなん)する必要があるのか，説明しま
しょう。

> 海岸近くで地震を感じたら直ちに避難(ただ)
> 　　強い地震（震度4程度(ていど)以上）や，長い
> 時間のゆれを感じたら，直ちに海岸から
> 離(はな)れ，急いで高台などの安全な場所へ避
> 難しましょう。

（　　　　　　　　　　　　　　　　　　　）

(2) あなたが自宅(じたく)で災害にあったときに，避難する場所を，調べて書きましょう。

（　　　　　　　　　　　　　　　　）

チャレンジ！

右の標識(ひょうしき)は何を表しているかな？
　ア　落とし穴(あな)注意
　イ　ろうかを走らない
　ウ　避難場所
　エ　池に入って遊ばない

〔　　　　〕

答えは別さつ16ページ→

ステップ1　かくにんしよう！

1 日本の森林

日本は国土の約**3分の2**が森林で，自然のままの**天然林**と，人が手を加えた**人工林**があります。森林は，木材を生み出すなど**資源**として利用されるほか，風や雪の害や土砂くずれなどの**自然災害**を防いだり，水をたくわえたりといったさまざまな役割があります。

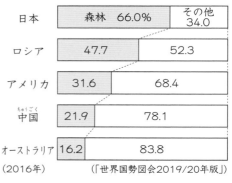

↑各国の国土にしめる森林の割合

日本	森林　66.0%	その他 34.0
ロシア	47.7	52.3
アメリカ	31.6	68.4
中国	21.9	78.1
オーストラリア	16.2	83.8

（2016年）　　（「世界国勢図会2019/20年版」）

2 林業

よい木材を育てるのには長い年月が必要です。**植林**をしたあと，**下草がり**や**間ばつ**といった手入れをし，育てた木を加工して木材にします。林業で働く人は，木を切って木材にすると同時に，木を植えて森林資源を守っています。林業で働く人の数は減っています。

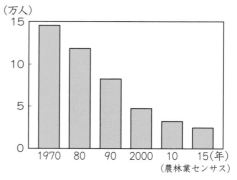

↑林業で働く人の数の変化

森林には水源林や防風林としての役割もあるよ。

ステップ2　れんしゅうしよう！

1 次の(1)・(2)にあてはまることばを，{　　}から選び，○でかこみましょう。

(1) 日本の国土のおよそ{　**3分の1・3分の2**　}が森林である。

(2) 林業で働く人は{　**増えて・減って**　}いる。

② 次の(1)～(3)にあてはまるものを，ア～ウから選び，記号で答えましょう。

(1) 木の苗（なえ）を植える。　　　　　　　　　　　　　　（　　　　）

(2) 木のまわりの草をかる。　　　　　　　　　　　　　　　（　　　　）

(3) 不要な木を切る。　　　　　　　　　　Check!　　　　（　　　　）

　　ア　下草がり　　イ　間ばつ　　ウ　植林

ステップ❸　やってみよう！

日本の森林について，次の問いに答えましょう。

(1) 次のア～エを，木材ができるまでの順番にならべかえましょう。
　　ア　間ばつ　　イ　木を切って運び出す　　ウ　下草がり　　エ　植林

　　　　　　　（　　　　　→　　　　　→　　　　　→　　　　　）

(2) 森林の働きには，どのようなものがありますか。１つ書きましょう。

　　（　　　　　　　　　　　　　　　　　　　　　　　　　　　　）

(3) 右のグラフを見て，国産木材の使用量はどの　　**国内の木材使用量の変化**
　　ように変わってきたか，あてはまるものを次の
　　ア～エから１つ選びましょう。
　　ア　減り続けている。
　　イ　増え続けている。
　　ウ　減ったあと，増えてきている。
　　エ　増えたあと，減ってきている。

　　　　　　　　　　　　　　（　　　　）

（千万m³）
国産木材
輸入木材（ゆにゅう）
12　10　8　6　4　2　0
1980　90　2000　10　2016（年）
（林野庁資料）

チャレンジ！

次のチャ太郎のセリフの〔　　〕
にあてはまる地図記号は何かな？

この木は針葉樹（しんようじゅ）だから，
地図記号で表すと
〔　　　　　　〕だね。

71　　　　　　　　　　　　　　　答えは別さつ17ページ→

ステップ1　かくにんしよう！

1 工業の発展と公害

　日本では 1950 年代後半から高度経済成長が始まり，環境よりも工業の発展を優先したため，各地で公害がおこりました。大気や水質の悪化は，人々の健康をおびやかします。特に大きな被害を出したものは四大公害病とよばれます。

公害病名	場所	原因
水俣病	熊本県・鹿児島県	有機水銀
イタイイタイ病	富山県	カドミウム
四日市ぜんそく	三重県	有害物質をふくむけむり
新潟水俣病	新潟県	有機水銀

↑四大公害病

2 公害対策

　国は，1967 年に公害対策基本法をつくり，公害の種類や守るべき基準を定めました。また，1971 年には公害の防止や自然環境の保護などを行う環境庁（現在は環境省）が発足しました。1993 年には地球規模の環境保全にまでふみこんだ環境基本法が制定されています。国だけでなく，自治体や住民の取り組みもあり，公害は減ってきています。

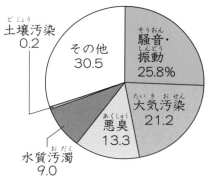

土壌汚染 0.2
騒音・振動 25.8%
その他 30.5
大気汚染 21.2
悪臭 13.3
水質汚濁 9.0

(2017年度)　（「日本国勢図会2019/20年版」）

↑公害の苦情件数の割合

ステップ2　れんしゅうしよう！

1　次の(1)・(2)にあてはまることばを，{　　}から選び，○でかこみましょう。

(1)　高度経済成長のとき，{　環境・工業　}を優先したことで公害が深刻になった。

(2)　国は 1967 年に{　公害対策・環境　}基本法を定めた。

② 次の場所で発生した四大公害病を，あとのア〜エから選び，記号で答えましょう。

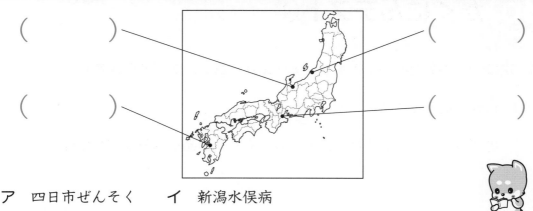

(　　　)　　　　　　　　　　　　　　　　(　　　)

(　　　)　　　　　　　　　　　　　　　　(　　　)

　　ア　四日市ぜんそく　　イ　新潟水俣病

　　ウ　水俣病　　　　　　エ　イタイイタイ病

🐾 ステップ3 🐾 やってみよう！

右のグラフを見て，次の問いに答えましょう。　　公害の苦情件数の割合

(1)　グラフ中の①・②にあてはまる公害名を，次
　のア〜エからそれぞれ選びましょう。

　　ア　騒音・振動　　イ　悪臭

　　ウ　水質汚濁　　　エ　大気汚染

　　①(　　　)　②(　　　)

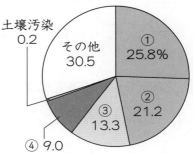

土壌汚染
0.2

その他
30.5

① 25.8%

② 21.2

③ 13.3

④ 9.0

(2017年度)　「日本国勢図会2019/20年版」

(2)　次の表は，全国の公害への苦情の数の変化を
　示しています。苦情の数はどのように変化しているか書きましょう。

年度	2013	2014	2015	2016	2017
件数	76958	74785	72461	70047	68115

(「日本国勢図会2019/20年版」)

(　　　　　　　　　　　　　　　　　　　　)

チャレンジ！

汚れた川がきれいになったら放すことが多いのはどれかな？

ア　カマキリ　　イ　ホタル

ウ　セミ　　　　エ　クワガタ

〔 　　　 〕

答えは別さつ17ページ→

1 次の(1)～(4)を何といいますか。ア～エから選び、記号で答えましょう。

(1) 情報を伝える方法。　　　　　　　　　　　　（　　　　　）

(2) 店でバーコードを機械で読みこみ、売れた商品や個数などを記録するしくみ。

（　　　　　）

(3) 世界中のコンピューターをつなぐ情報網。　　（　　　　　）

(4) 情報通信機器を活用して、情報処理や通信を行う技術や、情報・知識を共有・

伝達する技術。　　　　　　　　　　　　　　（　　　　　）

ア　POSシステム　　イ　ICT　　ウ　メディア　　エ　インターネット

2 次の(1)～(5)にあてはまることばを、{　　}から選び、○でかこみましょう。

(1) 日本は複数のプレートが出合う位置にあるので

{　こう水・地震　}が多い。

(2) 林業で働く人の数は{　増えて・減って　}いる。

(3) 日本の木材の半分以上は{　輸入木材・国産木材　}である。

(4) 九州地方の熊本県・鹿児島県にある八代海沿岸では、有機水銀が原因で、

{　イタイイタイ病・水俣病　}が発生した。

(5) 日本は、地球規模の環境問題にも取り組むため、1993年に

{　公害対策基本法・環境基本法　}を定めた。

3　次の問いに答えましょう。

(1)　次のア～エを，ニュース番組をつくる順番にならべかえましょう。

　　ア　情報をもとに編集会議を開く　　　イ　原稿や映像をつくる

　　ウ　記者が情報を集める　　　　　　　エ　アナウンサーが伝える

　　　　　　　　（　　　　　→　　　→　　　→　　　）

(2)　インターネットによって，わたしたちの生活は便利になりました。一方で，インターネットには問題点もあります。右のグラフから読み取れる，インターネットの問題点を，かんたんに書きましょう。

　　（　　　　　　　　　　　　　）

インターネットを使った犯罪件数の変化

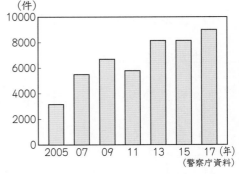

（警察庁資料）

4　次の問いに答えましょう。

(1)　地震による大きなゆれの直前に，予想されるゆれなどを，テレビやスマートフォンに知らせる速報を何といいますか。　　（　　　　　　　　　　　）

(2)　日本は森林の多い国です。国土のどれくらいを森林がしめているか，次のア～エから選び，記号で答えましょう。

　　ア　2分の1　　　イ　3分の1

　　ウ　3分の2　　　エ　5分の1　　　　　　　　　　（　　　　　）

(3)　右の地図は，津波がくるまでの時間や避難場所が書きこまれています。このような地図を何といいますか，書きましょう。

　　（　　　　　　　　　　）

(4)　減災のために，右のような地図を使って取り組めることを1つ書きましょう。

　　（　　　　　　　　　　　）

答えは別さつ18ページ→

1 次の(1)～(4)にあてはまることばを、{　　}から選び、○でかこみましょう。

(1) 日本の川は世界の川に比べて、長さが{　長く・短く　}、流れが

{　急・ゆるやか　}である。

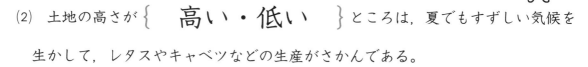

(2) 土地の高さが{　高い・低い　}ところは、夏でもすずしい気候を

生かして、レタスやキャベツなどの生産がさかんである。

(3) 台風の多い{　沖縄県・北海道　}の伝統的な家は、屋根がわ

らをしっくいでとめたり、さんごの石垣で家のまわりをかこったりしている。

(4) 農業や漁業、林業で働く人の数は{　増えて・減って　}いて、

割合は{　わかい人・お年寄り　}が増えた。

2 次の(1)～(4)にあてはまるものを、地図中のア～エから選び、記号で答えましょう。

(1) 180度の経線。

（　　　　　）

(2) 赤道。

（　　　　　）

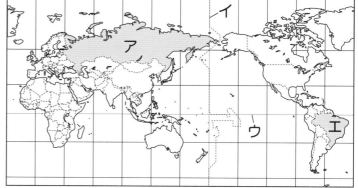

(3) 世界最大の国。

（　　　　　）

(4) 日本が鉄鉱石を多く輸入している国。

（　　　　　）

3 **右の地図を見て，次の問いに答えましょう。**

(1) Xは北方領土です。北方領土にふくまれる島を，次のア〜エから選び，記号で答えましょう。

ア　沖ノ鳥島　　イ　南鳥島
ウ　与那国島　　エ　択捉島

（　　　　　）

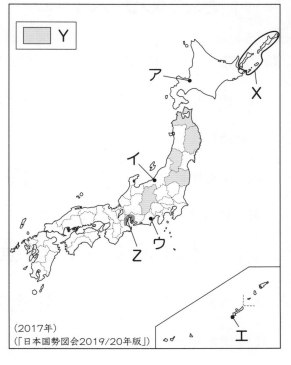

(2017年)
（「日本国勢図会2019/20年版」）

(2) 右の気温と降水量があてはまる都市を，地図中のア〜エから選び，記号で答えましょう。

（　　　　　）

年平均気温
13.6℃

年降水量
2755.3mm

（「理科年表2020年版」）

(3) 地図中のYは，ある作物の生産量上位5位までを示しています。あてはまる作物を，次のア〜エから選び，記号で答えましょう。　　　　（　　　　　）

ア　もも　　イ　ぶどう　　ウ　りんご　　エ　みかん

(4) 地図中のZの工業地帯について，次の問いに答えましょう。

① Zの工業地帯を何といいますか。（　　　　　　　　　　　）

② 右のグラフは，Zの工業地帯と，京浜工業地帯，阪神工業地帯，瀬戸内工業地域の工業生産額の内訳を示したものです。Zの工業地帯にあてはまるものを，ア〜エから選び，記号で答えましょう。また，そう考えた理由を書きましょう。

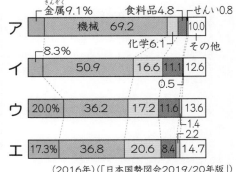

(2016年)（「日本国勢図会2019/20年版」）

記号（　　　　）

理由（　　　　　　　　　　　　　　　　　　）

答えは別さつ18ページ→

1 次の { } にあてはまることばを選び，○でかこみましょう。

(1) 稲かりやだっこくには { トラクター・コンバイン }
が使われる。

(2) 工業地帯や工業地域は， { 海ぞい・内陸部 }に多い。

(3) 1970年代に各国が200海里水域を定めたことで，日本の
{ 遠洋漁業・沿岸漁業 }の漁獲量が大きく減った。

(4) 肉牛の飼育は， { 九州地方・東北地方 }でさかんである。

(5) 情報を正しく活用する能力を
{ メディアリテラシー・インターネット }
という。

2 次の地図中の①〜④にあてはまる名前を書きましょう。

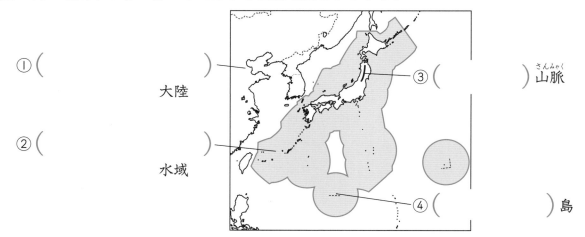

①（　　　　　　　　　　）
大陸

②（　　　　　　　　　　）
水域

③（　　　　　　　　　）山脈

④（　　　　　　　　　）島

3 右の地図を見て，次の問いに答えましょう。

(1) 日本と同じ緯度にある国を，次のア～エから選び，記号で答えましょう。

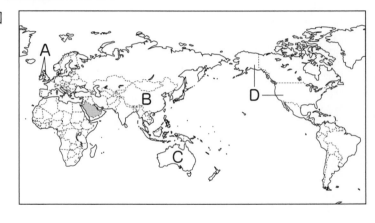

　ア　オーストラリア
　イ　イギリス
　ウ　イタリア
　エ　ブラジル

（　　　　　）

(2) 地図中に　　　　で示した国から日本が多く輸入している資源を，次のア～ウから選び，記号で答えましょう。

　ア　鉄鉱石　　イ　石油　　ウ　石炭

（　　　　　）

(3) 次の説明にあてはまる国を，地図中のA～Dから選び，記号で答えましょう。

> 　この国は，大西洋に面しています。首都に０度の経線が通り，日本と同じ北半球にある国です。

（　　　　　）

(4) 右は，日本と主な国の食料自給率を比べたものです。日本の食料自給率は，他国と比べてどのような特色がありますか。かんたんに書きましょう。

（　　　　　　　　　　　）

日本と主な国の食料自給率

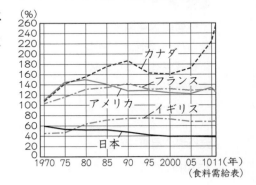

（食料需給表）

 チャレンジ！

京都市がリサイクルしているものはどれかな？

　ア　天ぷら油　　イ　魚のほね
　ウ　食器　　　　エ　ぬいぐるみ

〔　　　　　〕

答えは別さつ19ページ→

●編　者
　　数研出版編集部
●カバー・表紙デザイン
　　株式会社クラップス
●資料提供
　　四万十町役場

初版
第1刷　2020年7月1日　発行

発行者　星野　泰也

ISBN978-4-410-15481-2

チャ太郎ドリル　小5　社会

発行所　数研出版株式会社

〒101-0052 東京都千代田区神田小川町2丁目3番地3
　　　　　　　〔振替〕00140-4-118431
〒604-0861 京都市中京区烏丸通竹屋町上る大倉町205番地
〔電話〕代表 (075)231-0161
ホームページ　https://www.chart.co.jp
印刷　河北印刷株式会社

本書の一部または全部を許可なく
複写・複製することおよび本書の
解説・解答書を無断で作成するこ
とを禁じます。

乱丁本・落丁本はお取り替えいたします　200601

答え

5年 社会

① 緯度と経度

ステップ1　かくにんしよう！

1 緯度と経度

同じ緯度や経度を結んだものを緯線、経線といいます。緯線は０度を赤道といい、南側が南緯、北側が北緯で90度まであります。経線はイギリスのロンドンを通る線を０度として、東側が東経、西側が西経で、180度まであります。

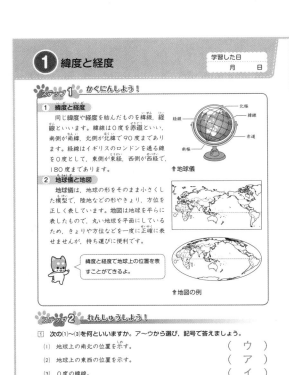

▲地球儀

2 地球儀と地図

地球儀は、地球の形をそのまま小さくした模型で、陸地などの形や位置、方位を正しく表しています。地図は地球を平らに表したもので、丸い地球を平面にしているため、きょりや方位などを一度に正確に表せませんが、持ち運びに便利です。

> 緯度と経度で地球上の位置を表すことができるよ。

▲地図の例

ステップ2　れんしゅうしよう！

① 次の(1)～(3)を何といいますか。ア～ウから選び、記号で答えましょう。

(1) 地球上の南北の位置を示す。　　　　（　ウ　）

(2) 地球上の東西の位置を示す。　　　　（　ア　）

(3) ０度の緯線。　　　　　　　　　　　（　イ　）

　　ア　経度　　イ　赤道　　ウ　緯度

4

② 次の文の（　）にあてはまることばを書きましょう。

(1) 緯度は、南北に０度から（　90　）度まである。

(2) 経度は、東西に０度から（　180　）度まである。

(3) 地球の形をそのまま小さくした模型を（　地球儀　）という。

(4) 地球を平面に表した（　地図　）は、持ち運びに便利である。

ステップ3　やってみよう！

右の地図は、緯線と経線が30度ごとに引かれています。次の問いに答えましょう。

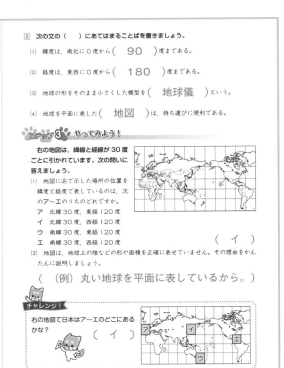

(1) 地図に⑥で示した場所の位置を緯度と経度で表しているのは、次のア～エのうちのどれですか。

　ア　北緯30度、東経120度
　イ　北緯30度、西経120度
　ウ　南緯30度、東経120度
　エ　南緯30度、西経120度

（　イ　）

(2) 地図は、地球上の陸などの形や面積を正確に表せていません。その理由をかんたんに説明しましょう。

（（例）丸い地球を平面に表しているから。）

チャレンジ！

右の地図で日本はア～エのどこにあるかな？　〔　イ　〕

---

② 大陸と海，さまざまな国

ステップ1　かくにんしよう！

1 大陸と海洋

世界の陸地には、ユーラシア大陸、アフリカ大陸、北アメリカ大陸、南アメリカ大陸、オーストラリア大陸、南極大陸の六つの大陸と多くの島々があります。海には太平洋、大西洋、インド洋の三大洋と小さな海があり、陸地よりも海の方が広いです。

2 世界の国々

世界の国が象徴として国旗を定めています。

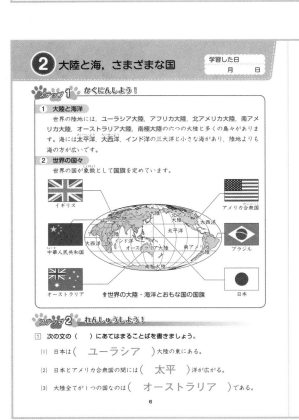

▲世界の大陸・海洋とおもな国の国旗

ステップ2　れんしゅうしよう！

① 次の文の（　）にあてはまることばを書きましょう。

(1) 日本は（　ユーラシア　）大陸の東にある。

(2) 日本とアメリカ合衆国の間には（　太平　）洋が広がる。

(3) 大陸全てが１つの国なのは（　オーストラリア　）である。

6

② 次の国旗を使っている国を、あとのア～エからそれぞれ選び、記号で答えましょう。

（　ウ　）（　ア　）（　イ　）（　エ　）

　ア　ブラジル　　イ　オーストラリア
　ウ　イギリス　　エ　アメリカ合衆国

ステップ3　やってみよう！

次の問いに答えましょう。

(1) 右の地図にえがかれていない大陸の名前を書きましょう。

（　南極大陸　）

(2) (1)の大陸以外で、大西洋にも太平洋にも面している大陸名を、地図を参考にして３つ書きましょう。

（　北アメリカ大陸　）（　南アメリカ大陸　）

（　ユーラシア大陸　）

チャレンジ！

次のチャ太郎のセリフの〔　〕にあてはまる方位を、それぞれ東西南北のどれかで答えよう。

> 日本はユーラシア大陸の〔　東　〕、太平洋の〔　西　〕にあります。

ステップ1 かくにんしよう！

1 日本の位置とはんい

日本は海にかこまれた島国です。北海道，本州，四国，九州の4つの大きな島と，多くの島々が連なっています。東西南北のはしは，順に南鳥島，与那国島，沖ノ鳥島，択捉島です。沿岸から200海里（約370km）までの海を排他的経済水域（200海里水域）といい，天然資源開発などの権利が認められています。

2 領土をめぐる問題

北方領土（歯舞群島，色丹島，国後島，択捉島）は，ロシア連邦に不法に占領されており，日本は返かんを求めています。

↑日本の位置とはんい

ステップ2 れんしゅうしよう！

① 次の(1)～(3)を何といいますか。ア～ウから選び，記号で答えましょう。

(1) 沿岸から200海里までの，天然資源開発などの権利がある海。　（　ウ　）

(2) 日本で最も大きい島。　（　ア　）

(3) ロシア連邦に不法に占領されている4つの島。　（　イ　）

ア　本州　イ　北方領土　ウ　排他的経済水域

8

② 次の文の（　）にあてはまることばを書きましょう。

(1) 日本の北のはしの島は（　択捉島　）である。

(2) 日本の南のはしの島は（　沖ノ鳥島　）である。

(3) 沿岸から200海里までで，天然資源の開発の権利がある海を（　排他的経済（200海里）　）水域という。

(4) 日本固有の領土である歯舞群島，色丹島，国後島，択捉島の（　北方領土　）は，ロシア連邦に不法に占領されている。

ステップ3 やってみよう！

右の地図を見て，次の問いに答えましょう。

(1) 次の表は，日本の東西南北のはしの島の緯度と経度を示しています。表の①～④にあてはまる島を，地図中のア～エからそれぞれ選びましょう。

	緯度	経度
①	北緯24度	東経154度
②	北緯24度	東経123度
③	北緯20度	東経136度
④	北緯46度	東経149度

①（　ア　）②（　エ　）③（　イ　）④（　ウ　）

(2) 地図中のA，Bの国名をそれぞれ書きましょう。

A（　中国（中華人民共和国）　）

B（　ロシア（ロシア連邦）　）

9　　　答えは別さつ3ページ→

ステップ1 かくにんしよう！

1 日本の地形

日本は山が多く，国土のおよそ4分の3が山地です。山にかこまれた平地を盆地といいます。平野は海に面しており，川が流れています。日本の川は，世界の川と比べて流れが急で短くなっています。

2 日本の気候

日本には四季があります。6月中ごろから7月には，北海道以外のほとんどで雨が続くつゆとなり，夏から秋には台風がおそいます。南北で気候がことなるほか，夏に南東から，冬に北西からふく季節風が山地にぶつかって雨や雪を降らせるため，地域によって雨や雪の量がことなります。

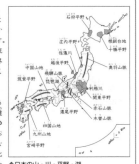
↑日本の山・川・平野・湖

ステップ2 れんしゅうしよう！

① 次の(1)～(3)を何といいますか。ア～ウから選び，記号で答えましょう。

(1) 山にかこまれた平地。　（　ウ　）

(2) 6月中ごろから7月に雨が多く降る期間。　（　イ　）

(3) 夏から秋にかけて日本をおそう，雨をともなう強い風。　（　ア　）

ア　台風　イ　つゆ　ウ　盆地

10

② 次の文の（　）にあてはまることばを書きましょう。

(1) 日本の国土のおよそ4分の3は（　山地　）である。

(2) 日本でいちばん大きな湖は（　琵琶湖　）である。

(3) 夏に南東，冬に北西からふく風を（　季節風　）という。

ステップ3 やってみよう！

① 右のグラフを見て，世界の川と比べた日本の川の特色を，「流れ」「長さ」ということばを使って，かんたんに説明しましょう。

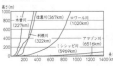
日本と世界の川

（　（例）流れが急で，長さが短い。　）

② 右の図は，日本で季節風が冬にふくようすを示しています。雪がいちばん多く降ると考えられるところを，図中のア～エから選びましょう。

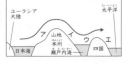

（　ア　）

チャレンジ！

日本のまわりをかこんでいるのはどれかな？
ア　陸地　イ　森林　ウ　海　エ　さばく　　　（　ウ　）

11　　　答えは別さつ3ページ→

⑤ 低い土地と高い土地のくらし

学習した日 　月　日

ステップ1 かくにんしよう！

① 低い土地

川にかこまれ、川の水面よりも低いところが多い岐阜県海津市には、水害からくらしを守るために、まわりを堤防でかこんだ「輪中」とよばれる土地があります。排水機場の建設や、川の流れを変えるなどの治水で水害は減り、稲作などが発達しました。

☝堤防とまちのようす

② 高い土地

1000 m以上の高いところにある群馬県嬬恋村では、夏でもすずしい気候を生かして、キャベツなどの高原野菜をつくっています。収穫は、ほかの産地の生産が少ない夏から秋にかけて行われます。

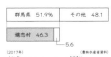

群馬県 51.9%	その他 48.1
嬬恋村 46.3	

5.6
(2017年)　(農林水産省資料)
☝出荷されたキャベツの割合

すずしい気候で野菜の収穫時期をおくらせることを抑制栽培というよ。

ステップ2 れんしゅうしよう！

① 次の文の（　）にあてはまることばを書きましょう。

(1) 輪中は（ 堤防 ）でかこまれた土地である。

(2) 輪中にある、水をさけるために高いところに建てられたひなんするところを（ 水屋 ）という。

(3) 群馬県嬬恋村は夏でも（ すずしい ）気候である。

12

---

② 次の(1)〜(3)を何といいますか。ア〜ウから選び、記号で答えましょう。

(1) 夏でもすずしい高い土地でつくられるキャベツやレタス。　　（ イ ）

(2) 岐阜県海津市に見られる、堤防でかこまれた土地。　　（ ウ ）

(3) 川の流れを変えて、水を生活に利用できるようにすること。　（ ア ）

ア 治水　イ 高原野菜　ウ 輪中

確認しよう

ステップ3 やってみよう！

① 右の図を見て、次の問いに答えましょう。

(1) 次の説明にあてはまるところを、図中のア〜ウからそれぞれ選びましょう。

① 川の水が流れこんでくるのを防いでいる。　　（ ウ ）

② 水が流れこんだときに、ひなんするところになっている。　（ イ ）

③ 流れこんだ水がたまるまえに外に流し出している。　（ ア ）

(2) 図で示した輪中とよばれる土地について、川の水面と比べたときの特徴を、かんたんに説明しましょう。

（ （例）川より低くなっている。 ）

② 次の(1)・(2)にあてはまることばを、{ }から選び、○でかこみましょう。

(1) 高い土地は低い土地に比べて気温が{ 高い・(低い) }。

(2) 嬬恋村ではキャベツは{ (夏から秋)・冬から春 }に多く収穫できる。

13　　答えは別さつ4ページ→

---

⑥ あたたかい土地と寒い土地のくらし

学習した日 　月　日

ステップ1 かくにんしよう！

① あたたかい土地

一年を通じてあたたかく、台風が多い沖縄県の伝統的な家は、高い気温や台風に備えたつくりです。水不足に備え、今の家は屋根の上に貯水タンクがあります。あたたかな気候を利用し、さとうきびやパイナップルの生産や、観光がさかんです。また、沖縄県には、アメリカの軍用地が多く置かれています。

☝沖縄の伝統的な家

② 寒い土地

北海道の家は、きびしい寒さや雪に備えたつくりです。雪は観光にも生かされています。十勝平野では広い農地で大型の機械を使い、てんさいやじゃがいもなどを生産する畑作がさかんです。また、北海道には、先住民族のアイヌの人々のことばがもとになった地名が多くあります。

☝寒い地域の家のくふう

ステップ2 れんしゅうしよう！

① 次の(1)・(2)にあてはまることばを、{ }から選び、○でかこみましょう。

(1) 沖縄県の家は、台風に備えて屋根が{ (低く)・高く }なっている。

(2) 北海道の家のげんかんは、{ (寒さ)・暑さ }に備えてドアが二重になっている。

14

---

② 次の文の（　）にあてはまることばを、あとの□から選びましょう。

(1) 沖縄県の家には、（ 水 ）不足に備える貯水タンクがある。

(2) 沖縄県には、（ アメリカ ）の軍用地が多い。

(3) 寒い地域の家は、（ 雪 ）に備えたつくりをしている。

(4) 北海道の先住民族は、（ アイヌ ）の人々である。

アメリカ　雪　水　アイヌ

ステップ3 やってみよう！

沖縄県の家と北海道の家について、次の問いに答えましょう。

(1) 沖縄県の伝統的な家を示した右の図中のア〜エから、暑さを防ぐためのつくりになっているところを1つ選びましょう。
（ エ ）

(2) 北海道の十勝平野で行われている農業の特徴を、「大型」ということばを使って、かんたんに説明しましょう。

（（例）大型の機械を使って大規模に行っている。）

チャレンジ！
琵琶湖はどれかな？

〔 イ 〕　ア　イ　ウ　エ

15　　答えは別さつ4ページ→

---

❼ かくにんテスト①

❶ 次の文の（　）にあてはまることばを書きましょう。

(1) 緯度０度の線を（ 赤道 ）という。

(2) 地球を東西に０度から180度まで分けた線を（ 経線 ）という。

(3) 地球を南北に０度から90度まで分けた線を（ 緯線 ）という。

❷ (1)〜(3)にあてはまることばはどれですか。ア〜ウから選び、記号で答えましょう。

(1) 夏と冬でふく向きが変わる風。　　　（ イ ）

(2) ６月中ごろから７月に続く雨。　　　（ ア ）

(3) 夏から秋に日本をおそう、雨と強い風をともなうもの。（ ウ ）

ア つゆ　イ 季節風　ウ 台風

❸ 次の文の（　）にあてはまることばはどれですか。ア〜エから選び、記号で答えましょう。

(1) 群馬県嬬恋村のような（ イ ）土地では、気候を生かして高原野菜をつくっている。

(2) 岐阜県海津市の（ エ ）土地では輪中が見られる。

(3) 沖縄県は（ ウ ）気候を利用し、観光がさかんである。

(4) 北海道の家は（ ア ）気候に備えたつくりになっている。

ア 寒い　イ 高い　ウ あたたかい　エ 低い

❹ 右の地図は、緯線と経線が30度ごとに引かれています。次の問いに答えましょう。

(1) 赤道を示す緯線を、地図中のア〜エから選び、記号で答えましょう。

（ ウ ）

(2) 右の国旗を定めている国を、地図中のあ〜えから選び、記号で答えましょう。

（ う ）

❺ 右の地図を見て、次の問いに答えましょう。

(1) 地図中のあの山脈を何といいますか。

（ 奥羽山脈 ）

(2) 外国に占領されている、地図中のいで示した島々をまとめて何といいますか。また、この４島を占領している国を、地図中のア〜エから選び、記号で答えましょう。

名称（ 北方領土 ）　国（ ア ）

(3) 地図中のうの地域は、比較的雨が少ない気候です。その理由を、「山地」ということばを使って、かんたんに説明しましょう。

（（例）山地が夏と冬の季節風をさえぎるから。）

チャレンジ！

チャ太郎の旅行先のようすをえがいた、右の絵の家の屋根が急なのはどうしてかな？

〔（例）雪が積もらないようにするため。〕

答えは別さつ5ページ→

---

❾ 米づくりのさかんな地域

ステップ1 かくにんしよう！

1 米づくりのさかんな地域

　米を主食としてきた日本では、稲を水田で育てる米づくりが、各地で行われています。なかでも、東北地方や新潟県、北海道は米づくりのさかんな地域です。もともと稲は、気温が高く、水の多い土地でよく育つ植物なので、日本では夏ごろにつくられています。

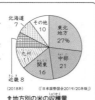

↑地方別の米の収穫量
（2018年）（「日本国勢図会2019/20年版」）

2 米づくりのさかんな平野

　酒田市がある山形県の庄内平野は、米づくりのさかんな地域です。広く平らな土地で、効率よく米づくりができ、川が多いので水も豊かです。また、春から夏の日照時間が長く、昼と夜、夏と冬の気温の差が大きい気候が米づくりに向いています。夏の季節風は、葉をかわかしたり、葉に日光を十分当てたりする働きがあります。

↑酒田市と宮古市（岩手県）の月別平均気温　↑酒田市と宮古市の日照時間

ステップ2 れんしゅうしよう！

❶ 次の文の（　）にあてはまることばを書きましょう。

(1) 日本は（ 米 ）を主食にしてきた。

(2) 米づくりは（ 東北 ）地方や中部地方、北海道でさかんである。

(3) 山形県の（ 庄内 ）平野では米づくりがさかんである。

❷ 次の(1)〜(3)にあてはまることばを、{　}から選び、○でかこみましょう。

(1) 庄内平野は{ 平ら・山がち }な地形で、米づくりが効率的に行える。

(2) 庄内平野は春から夏の日照時間が{ 短い・長い }。

(3) 庄内平野は、夏に{ 南東・北東 }からあたたかくかわいた風がふく。

ステップ3 やってみよう！

　山形県の庄内平野は、気候が米づくりに向いているため、米の生産がさかんです。右の２つの資料からわかる、米づくりに向いている庄内平野の気候の特色は何ですか。次の文にあてはまるように、説明しましょう。

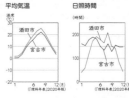

酒田市と宮古市の月別平均気温　酒田市と宮古市の月別日照時間

気温と日照時間がポイントなんだね。

庄内平野が米づくりに向いている気候の特色

（特色1）庄内平野にある酒田市の平均気温は、宮古市に比べて、

（　　（例）夏と冬の差　　）が大きい。

（特色2）庄内平野にある酒田市の日照時間は、宮古市に比べて、

（　　（例）春から夏　　）が長い。

答えは別さつ5ページ→

⑩ 米づくりのようすとくふう

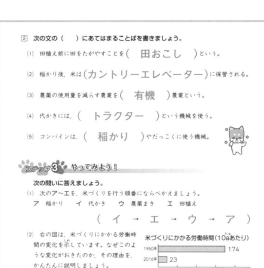

学習した日　月　日

ステップ1　かくにんしよう！

1 米づくりのようす

米づくりは、田植えの前から、なえ育てや、土をたがやす田おこし、田に水を入れて土を平らにする代かきなどの作業が始まっています。田植えのあとも、農薬をまいたり、水の管理を行ったりします。稲かりのあと、米は温度や湿度が管理されたカントリーエレベーターに保管しています。

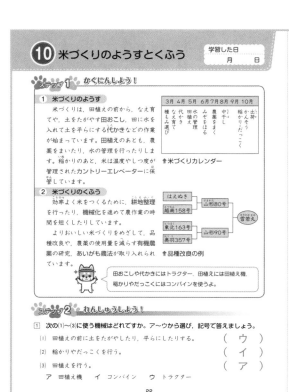

3月 4月 5月 6月 7月 8月 9月 10月
種もみ選び｜なえ育て｜代かき 田おこし｜田植え｜水の管理｜農薬をまく｜中干し｜稲かり｜出荷 だっこく

↑米づくりカレンダー

2 米づくりのくふう

効率よく米をつくるために、耕地整理を行ったり、機械化を進めて農作業の時間を短くしたりしています。

よりおいしい米づくりをめざして、品種改良や、農薬の使用量を減らす有機農業の研究、あいがも農法が取り入れられています。

はえぬき｜山形80号
越南158号｜雪若丸
東北163号｜山形90号
奥羽357号

↑品種改良の例

田おこしや代かきにはトラクター、田植えには田植え機、稲かりやだっこくにはコンバインを使うよ。

ステップ2　れんしゅうしよう！

① 次の(1)～(3)に使う機械はどれですか。ア～ウから選び、記号で答えましょう。

(1) 田植えの前に土をたがやしたり、平らにしたりする。　　（　ウ　）

(2) 稲かりやだっこくを行う。　　（　イ　）

(3) 田植えを行う。　　（　ア　）

ア 田植え機　イ コンバイン　ウ トラクター

22

② 次の文の（　）にあてはまることばを書きましょう。

(1) 田植え前に田をたがやすことを（　田おこし　）という。

(2) 稲かり後、米は（カントリーエレベーター）に保管される。

(3) 農薬の使用量を減らす農業を（　有機　）農業という。

(4) 代かきには、（　トラクター　）という機械を使う。

(5) コンバインは、（　稲かり　）やだっこくに使う機械。

ステップ3　やってみよう！

次の問いに答えましょう。

(1) 次のア～エを、米づくりを行う順番にならべかえましょう。
ア 稲かり　イ 代かき　ウ 農薬まき　エ 田植え

（　イ　→　エ　→　ウ　→　ア　）

(2) 右の図は、米づくりにかかる労働時間の変化を示しています。なぜこのような変化がおきたのか、その理由を、かんたんに説明しましょう。

米づくりにかかる労働時間（10aあたり）

1960年	174
2016年	23

0　50　100　150　200（時間）
（農林水産省資料）

（　（例）機械が使われるようになったから。　）

チャレンジ！

米づくり農家になるとしたら、どんなお米をつくりたいかな？

〔　（例）おいしいおにぎりをつくれるお米。　〕

23　答えは別さつ6ページ→

---

⑪ 米のゆくえと米づくりの課題

学習した日　月　日

ステップ1　かくにんしよう！

1 米を全国にとどける

収穫した米の多くはカントリーエレベーターに保管され、農業協同組合（JA）の計画に従って出荷されたあと、トラックや鉄道、フェリーを活用して運ばれます。米のねだんには、米づくりにかかる費用のほか、輸送など流通にかかる費用や、広告にかかる費用などもふくまれています。

農家→JA→全農→卸売業者→スーパーマーケット レストランなど→消費者

↑米がとどくまで（例）

2 米づくりがかかえる課題

日本では米があまるようになり、ほかの作物をつくる転作などが行われています。また、農業で働く人の数も減り、高齢化も進んでいます。

↑米の生産量と消費量の変化

Check! 米の消費量が減っているね。

ステップ2　れんしゅうしよう！

① 次の(1)～(3)を何といいますか。ア～ウから選び、記号で答えましょう。

(1) 収穫した米を集めて保管するところ。　　（　ウ　）

(2) 生産されたものを、生産者から消費者にとどける働き。　　（　ア　）

(3) それまで育てていた作物の種類を、ほかの作物に変えること。　　（　イ　）

ア 流通　イ 転作　ウ カントリーエレベーター

24

② 次の(1)・(2)にあてはまることばを、{ }から選び、○でかこみましょう。

(1) 日本では米の{ (消費量)・生産量 }が減っているため、生産調整が行われた。

(2) 農業で働くわかい人の数は{ 増えて・(減って) }いる。

③ 次の文の（　）にあてはまることばを、あとの□から選びましょう。

カントリーエレベーターの米は、（　JA　）の計画に従って、高速道路を使う（　トラック　）や鉄道で運ばれて、お店で販売されます。

消費者　トラック　JA　フェリー

ステップ3　やってみよう！

右のグラフから読み取れる、日本の農業がかかえる課題を2つ、かんたんに説明しましょう。

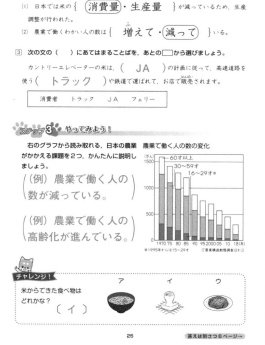

農業で働く人の数の変化

（（例）農業で働く人の数が減っている。）

（（例）農業で働く人の高齢化が進んでいる。）

チャレンジ！

米からできた食べ物はどれかな？　　ア　イ　ウ

〔　イ　〕

25　答えは別さつ6ページ→

⑫ 野菜づくり

ステップ1　かくにんしよう！

1　野菜づくりのさかんな地域

　夏でもすずしい地域では、レタスやキャベツの抑制栽培を、冬でもあたたかい地域ではピーマンやなすの促成栽培を行っています。野菜の出回る量が少ない時期に出荷すると、高いねだんで売ることができます。大都市に近いところでは、新鮮なまま野菜を売ることができます。栽培時期の調整にはビニールハウスなどを使い、輸送には保冷トラックなどが使われます。

2　関東平野の野菜づくり

　茨城県などでは、大都市に近いことを生かした野菜づくりが行われています。

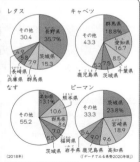

レタス
長野県 35.7%
茨城県 15.3
長崎県 7.9
群馬県 5.8
兵庫県 4.9
その他 30.4

キャベツ
群馬県 18.8%
愛知県 16.7
千葉県 8.5
茨城県 7.5
鹿児島県 5.2
その他 43.3

なす
高知県 13.1%
熊本県 10.6
群馬県 8.6
福岡県 5.5
茨城県 5.0
その他 55.2

ピーマン
茨城県 23.8%
宮崎県 18.9
高知県 9.6
鹿児島県 9.0
岩手県 5.4
その他 33.3

(2018年)
↑野菜の都道府県別生産量

ステップ2　れんしゅうしよう！

１　次の⑴・⑵にあてはまることばを、{　}から選び、○でかこみましょう。

⑴　夏でもすずしい地域では、{ (レタス)・ピーマン }などの抑制栽培をしている。

⑵　野菜の輸送には、{ (保冷トラック)・タンカー }などが使われる。

26

---

② 次の文の（　）にあてはまることばを書きましょう。

⑴　野菜は、出回る量が少ない時期に出荷することで、（　高い　）ねだんで売ることができる。

⑵　野菜の栽培時期の調整には（　ビニールハウス　）などが使われている。

ステップ3　やってみよう！

右の資料を見て、次の問いに答えましょう。

⑴　グラフは、都道府県別のねぎの生産量を示しています。上位の県に共通していることは何ですか。地方に着目してかんたんに説明しましょう。

（　(例) 全部関東地方である。　）

千葉県 13.8%
埼玉県 12.3
茨城県 11.0
群馬県 4.3
その他 58.6

(2018年)（「データでみる県勢2020年版」）

⑵　図は、保冷トラックを示しています。冷やして運ぶと、野菜にとって何がよいか、かんたんに説明しましょう。

（　(例) 新鮮なまま運ぶことができる。　）

答えは別さつ7ページ→

チャレンジ！

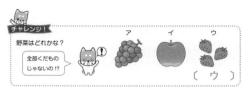

野菜はどれかな？
全部くだものじゃないの!?

ア　イ　ウ

〔　ウ　〕

27

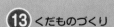

⑬ くだものづくり

ステップ1　かくにんしよう！

1　くだものづくりのさかんな地域

　くだものづくりには、気候のえいきょうが大きいため、栽培がさかんな地域がばらばらです。
　みかんは和歌山県や愛媛県などのあたたかい地域で、りんごは青森県などのすずしい地域での生産がさかんです。山梨県の甲府盆地は水はけがよく、ももやぶどうの栽培がさかんです。

2　福島盆地のくだものづくり

　水はけがよく、夏の気温が高い福島盆地では、ももをはじめとしたくだものづくりがさかんです。ももは、やわらかいため、取り入れまで一つ一つ手で作業します。

みかん
和歌山県 20.1%　静岡県 14.8　愛媛県 14.7　熊本県 11.7　長崎県 6.4　その他 32.3

りんご
青森県 58.9%　長野県 18.8　岩手県 6.3　山形県 5.5　福島県 3.4　その他 7.1

もも
山梨県 34.8%　福島県 21.4　長野県 11.7　山形県 7.1　和歌山県 6.6　その他 18.4

ぶどう
山梨県 23.9%　長野県 17.8　山形県 9.2　岡山県 8.8　福岡県 4.2　その他 36.1

(2018年)（「データでみる県勢2020年版」）
↑くだものの都道府県別生産量

ステップ2　れんしゅうしよう！

１　次の文の（　）にあてはまることばを書きましょう。

⑴　りんごは特に（　青森　）県での栽培がさかんである。

⑵　福島盆地のももづくりでは、ももがやわらかいことから（　手　）で作業をしている。

28

---

② 次の⑴～⑶にあてはまることばを、{　}から選び、○でかこみましょう。

⑴　みかんは{ (あたたかい)・すずしい }地域での栽培がさかんで、和歌山県や静岡県、愛媛県がおもな産地である。

⑵　りんごは、{ あたたかい・(すずしい) }地域での栽培がさかんである。

⑶　山梨県の甲府盆地は、{ (水はけ)・水もち }がよいことを生かして、ももやぶどうの栽培がさかんである。

ステップ3　やってみよう！

右の地図中のア・イはそれぞれ、りんごのおもな産地とみかんのおもな産地を示しています。みかんの産地は、ア・イのどちらですか。また、そう考えた理由を、気候の特色にふれてかんたんに説明しましょう。

南の方と北の方に分かれているね！

ア
イ

(2018年)（「データでみる県勢2020年版」）

記号（　イ　）

理由（　(例) みかんはあたたかい地域での生産がさかんだから。　）

答えは別さつ7ページ→

チャレンジ！

みかんを栽培しているところの地図記号はどれかな？

ア○　イ∥　ウ开　エ由

〔　ア　〕

29

7

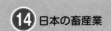

⑭ 日本の畜産業

学習した日　月　日

ステップ1　かくにんしよう！

① 畜産のさかんな地域

畜産とは、牛やぶた、にわとりから牛乳や肉、たまごをとる農業です。北海道は乳牛や肉牛のどちらも多く飼育しています。九州地方では肉牛の飼育がさかんです。たまご用にわとりは、大都市に近い関東地方で多く飼育されています。畜産農家は、近年、農家1戸あたりの規模がだんだん大きくなってきています。

② 畜産のくふうとなやみ

あとをつぐ人が減り、働く人の高齢化が進んでいます。外国から安い肉の輸入などが増えていますが、飼料は輸入したものが多く使われており、お金がかかります。そこで、畜産のブランド化を進めたりよいものをつくったり、家畜を育てて出荷し、店にとどけるまでの情報をトレーサビリティで記録したりといったくふうを行っています。

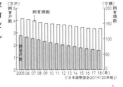

★畜産物の都道府県別飼育頭数

乳牛：北海道 59.6%／栃木県 3.9／熊本県 3.2／群馬県 2.6／岩手県 3.2／その他 27.5

肉牛：北海道 20.9%／鹿児島県 13.1／宮崎県 9.7／熊本県 5.1／岩手県 3.6／その他 47.6

ぶた：鹿児島県 13.8／宮崎県 8.9／北海道 6.8／千葉県 6.8／群馬県 6.7／その他 57.1

たまご用にわとり：茨城県 7.6／千葉県 5.9／岡山県 5.8／群馬県 5.3／その他 68.6

(2018年)　(日本国勢図会2019/20年版)

ステップ2　れんしゅうしよう！

① 次の文の（　）にあてはまることばを書きましょう。

(1) 牛やぶた、にわとりなどを飼育して、肉や乳製品をつくる農業を（　**畜産**　）という。

(2) 家畜の飼育から出荷、店にとどくまでの情報が記録されているようなしくみを（　**トレーサビリティ**　）という。

30

---

② 次の(1)～(4)にあてはまることばを、{　}から選び、○でかこみましょう。

(1) 九州地方では、{ (肉牛)・乳牛 } の飼育がさかんである。

(2) たまご用にわとりは、{ 北海道・(関東地方) } で多く飼育されている。

(3) 畜産業では{ わかい人・(高齢者) }の割合が高くなっており、あとをつぐ人が{ 増えている・(減っている) }。

(4) 家畜のえさである飼料は{ (輸入)・国産 }が多い。

ステップ3　やってみよう！

乳牛の飼育頭数と、飼育している農家の戸数を示した右のグラフを見て、飼育している農家1戸あたりの飼育頭数はどのように変化してきましたか。かんたんに説明しましょう。

乳牛より農家の方が減っているね。

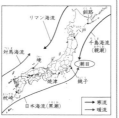

飼育頭数

2005 06 07 08 09 10 11 12 13 14 15 16 17 18(年)　(日本畜産統計2019/20年版)

（　（例）だんだん増えていっている。　）

チャレンジ！

牛乳パックはリサイクルしたら何になるかな？
ア 石けん　イ パソコン
ウ 紙　エ スマートフォン　〔　ウ　〕

31

答えは別さつ8ページ→

---

⑮ とる漁業

学習した日　月　日

ステップ1　かくにんしよう！

① 水産業がさかんな地域

日本のまわりにはあたたかい暖流とつめたい寒流が流れており、暖流と寒流がぶつかる潮目はプランクトンが多く、たくさんの種類の魚が集まります。また、日本のまわりには、水深が200mぐらいまでの海底（大陸だな）が広がっていて、海そうなどがよく育ちます。

② 日本の漁業

漁では、魚群探知機（ソナー）を使って魚をさがし、あみで魚をかこいこむまきあみ漁などが行われています。とった魚は漁港に運び、種類ごとや大きさごとに箱づめされて魚市場でせりにかけられます。

とる漁業には、遠くの海に出かけて長い期間行う遠洋漁業、10t以上の船を使って数日がかりで行う沖合漁業、10t未満の船を使う漁や、定置あみ、地引きあみで行う沿岸漁業があります。

リマン海流／釧路／対馬海流／根室／境／焼津／銚子／枕崎／日本海流（黒潮）／千島海流（親潮）／潮目

→ 寒流　→ 暖流

★おもな漁港と海流

ステップ2　れんしゅうしよう！

① 次の文の（　）にあてはまることばを書きましょう。

(1) 日本のまわりには、水深が200mぐらいまでのゆるやかな斜面の海底である（　**大陸だな**　）が広がっている。

(2) 水あげした魚は魚市場で（　**せり**　）にかけられる。

32

---

② 次の(1)～(3)の説明にあてはまる漁業をア～ウから選び、記号で答えましょう。

(1) 遠くの海に出かけ、長い期間行う漁業。　（　ウ　）

(2) 10t以上の船を使って、数日がかりで行う漁業。　（　ア　）

(3) 10t未満の船を使う漁や、定置あみ、地引きあみで行う漁業。（　イ　）

ア 沖合漁業　イ 沿岸漁業　ウ 遠洋漁業

③ 次の文の（　）にあてはまることばを書きましょう。

(1) 暖流と寒流がぶつかるところを（　**潮目**　）といい、魚のえさである（　**プランクトン**　）が多くなっている。

(2) 漁で魚をさがすときには、（　**魚群探知機（ソナー）**　）とよばれる機械を使う。

ステップ3　やってみよう！

右の地図を見て、次の問いに答えましょう。

(1) ①～④の海流の名前を書きましょう。

① （　**対馬海流**　）

② （　**リマン海流**　）

③ （　**日本海流（黒潮）**　）

④ （　**千島海流（親潮）**　）

(2) ①～④の海流のうち、暖流を2つ選びましょう。　（　①　）（　③　）

33

答えは別さつ8ページ→

8

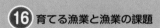

⑯ 育てる漁業と漁業の課題

学習した日　月　日

ステップ1　かくにんしよう！

1 育てる漁業

たまごから成魚になるまでいけすなどで育てる養しょく業や、たまごをかえして川や海に放流し、魚が大きくなってからとる栽培漁業が行われています。これらの育てる漁業は安定して魚をとることができますが、プランクトンが大量発生する赤潮や、台風による被害を受けることもあります。

↑栽培漁業のしくみ

2 水産業のかかえる課題

1970年代に入り、世界の国々が200海里水域（排他的経済水域）を設定したことで、遠洋漁業の漁獲量は大きく減りました。また、魚のとりすぎや漁場環境の変化で魚の数が減ったり、安い輸入品が増えたりして、沖合漁業や沿岸漁業も漁獲量が減少しています。漁業で働く人の数が減り、高齢化が進んでいることや、養しょく業のえさ代が高いといった問題もあります。

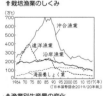

↑漁業別生産量の変化

ステップ2　れんしゅうしよう！

1　次の(1)～(3)の説明にあてはまる漁業をア～ウから選び、記号で答えましょう。

(1) たまごから出荷まで、人の手で育てる漁業。　　　　　　　　（　イ　）

(2) たまごを人の手でかえして海や川に放流し、大きくなってからとる漁業。　　　　　　　　（　ア　）

(3) 200海里水域の設定で漁獲量が大きく減った漁業。　　　　　　　　（　ウ　）

ア　栽培漁業　イ　養しょく業　ウ　遠洋漁業

34

2　次の(1)～(3)にあてはまることばを、{　}から選び、○でかこみましょう。

(1) プランクトンが大量に発生する{ 黒潮・**赤潮** }で、養しょく業が被害を受けることがある。

(2) 外国からの{ **安い**・高い }魚の輸入が増えている。

(3) 漁業で働く人の数は{ 増えて・**減って** }いる。

ステップ3　やってみよう！

右のグラフを見て、次の問いに答えましょう。

(1) ア～ウから、次の漁業にあてはまるものをそれぞれ選びましょう。

沖合漁業（　イ　）

沿岸漁業（　ア　）

海面養しょく業（　ウ　）

↑日本国勢図会2019/20年版

(2) 遠洋漁業が1970年代から減り始めた理由を、解答らんに合うようにかんたんに説明しましょう。

世界の国々が（例）200海里水域を設定したから。

チャレンジ！

次のチャ太郎のセリフの{　}にあてはまる魚はどれかな？

ぼくが乗っているのは、静岡県や高知県で有名な{　ア　}だよ！

ア　かつお
イ　まぐろ
ウ　さんま

35　　答えは別さつ9ページ→

---

⑰ 食料生産

学習した日　月　日

ステップ1　かくにんしよう！

1 日本の食料生産をめぐる課題

日本の食料自給率は、おもな国に比べて低くなっています。食生活の変化で小麦や肉、乳製品などの輸入が増えています。農業も漁業も働く人が減って高齢化が進んでいることもあり、生産量が増えていません。また、使われなくなった田畑（耕作放棄地）も増えてきています。

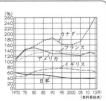

↑日本とおもな国の食料自給率

2 課題への取り組み

フードマイレージを減らし、地域でとれたものを地域で消費する地産地消の取り組みが行われています。

フードマイレージは、（食料の重さ）×（輸送きょり）で求められるよ！少ない方がいいんだって！

↑品目別の食料自給率

米	自給率 96%
くだもの	40
野菜	79
肉	52
小麦	14
大豆	7

(2017年度)（食料需給表）

ステップ2　れんしゅうしよう！

1　次の文の（　）にあてはまることばを書きましょう。

(1) 食料のうち、自国で生産している割合を（　食料自給率　）という。

(2) 地域で生産したものを地域で消費する（　地産地消　）の取り組みが進められている。

36

2　次の(1)～(4)にあてはまることばを、{　}から選び、○でかこみましょう。

(1) 日本の食料自給率は、アメリカよりも{ 高い・**低い** }。

(2) 日本の食料自給率は、約{ **40**・60 }％である。

(3) 日本は小麦の多くを{ **輸入**・輸出 }している。

(4) （食料の重さ）×（輸送きょり）で求めることができる値を{ 耕作放棄地・**フードマイレージ** }という。

ステップ3　やってみよう！

次の問いに答えましょう。

(1) 右の天ぷらそばのうち、国産の割合が最も高いものと最も低いものをそれぞれ選んで書きましょう。

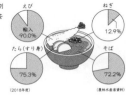

最も高いもの（　ねぎ　）

最も低いもの（　えび　）

(2) 日本の消費者が、国産のものより外国産のものを選ぶ理由は何ですか。右のグラフからわかることを、かんたんに説明しましょう。

（例）外国産の方が安いから。

↑外国産と国産の食料のねだん

37　　答えは別さつ9ページ→

9

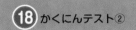

⑱ かくにんテスト②

1 次の(1)~(4)にあてはまることばを、{ }から選び、○でかこみましょう。

(1) 米づくりには、日照時間の{ **長い**・短い }気候の地域が適している。

(2) 稲の収穫は、昔は手作業で行っていたが、今は{ トラクター・**コンバイン** }を使っている。

(3) 野菜は、すずしい気候に向く作物を夏に出荷すると、{ **高い**・安い }ねだんで売ることができる。

(4) 日本の漁業は、各国の200海里水域が決められたことで{ **遠洋漁業**・沿岸漁業 }の漁獲量が減った。

2 次の資料と関係の深いことがらをア~ウから選び、記号で答えましょう。

（ **イ** ）　　（ **ア** ）　　（ **ウ** ）

ア　栽培漁業
イ　品種改良
ウ　まきあみ漁

栽培漁業は、育てる漁業の一つだね。

38

---

3 日本の食料生産について、次の問いに答えましょう。

(1) 右の地図は、ある統計の上位5都道府県を示したものです。あてはまる作物を、ア~エから選び、記号で答えましょう。
ア　キャベツの生産量
イ　肉牛の飼育数
ウ　米の生産量
エ　みかんの生産量　　（ **ウ** ）

(2018年)（「日本国勢図会2019/20年版」）

(2) 次のア~エを、米づくりを行う順番にならべかえましょう。
ア　稲かり　イ　代かき　ウ　農薬まき　エ　田植え

（ **イ → エ → ウ → ア** ）

(3) 右のグラフは、日本の漁業別の生産量の変化を示しており、ア~エにはそれぞれ養しょく業、遠洋漁業、沖合漁業、沿岸漁業があてはまります。遠洋漁業にあてはまるものを、ア~エから選び、記号で答えましょう。
（ **ア** ）

（「日本国勢図会2019/20年版」）

(4) 右の絵は、スーパーマーケットの野菜売り場のようすです。この売り場で行われている食の安全のための取り組みとはどのようなことですか。かんたんに説明しましょう。

（例）生産した人がわかるようにしている。

39

答えは別さつ10ページ→

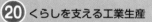

⑳ くらしを支える工業生産

ステップ1　かくにんしよう！

1　工業とは
原料をもとに、人が工場で道具や機械などを使って、くらしに必要なものをつくる産業を工業といいます。工業製品は昔に比べて便利なものが増え、わたしたちの生活を支えています。日本では、機械工業がさかんです。

	金属工業	化学工業		食料品工業	
12.9%	機械工業 45.9		12.8	12.6	その他 14.5

せんい工業 1.3
(2016年)（「日本国勢図会2019/20年版」）
↑日本の工業

2　いろいろな工業
工業は、生産する製品によって、機械工業、金属工業、化学工業、食料品工業、せんい工業などに分類できます。日本は各地にたくさんの工場があり、さまざまな工業製品がつくられています。

機械工業	金属工業	化学工業
食料品工業	せんい工業	そのほかの工業

↑いろいろな工業

食べ物もつくっているんだね。

ステップ2　れんしゅうしよう！

1 次の(1)~(3)を何といいますか。ア~ウから選び、記号で答えましょう。

(1) 原料をもとに、工場で道具や機械などをつくる産業。　（ **イ** ）

(2) 日本の工業生産の中心となっている工業。　（ **ウ** ）

(3) 鉄板やレールなどをつくる工業。　（ **ア** ）

ア　金属工業　イ　工業　ウ　機械工業

42

---

2 次の製品をつくる工業を、ア~ウから選び、記号で答えましょう。

（ **ア** ）　　（ **ウ** ）　　（ **イ** ）

ア　化学工業　イ　食料品工業　ウ　機械工業

ステップ3　やってみよう！

次は、せんたく機の進化を示した表と、せんたくの移り変わりを示した図です。工業の発展は、わたしたちの生活にどのような変化をもたらしたと考えられますか。表と図を参考にして、かんたんに説明しましょう。

1930年	1955年	1980年	1990年	現在
初の国産せんたく機。	ローラーを回してだっ水し た。	せんたくそうとだっ水そうの二そう式。	せんたくからだっ水まで全自動。	かんそう機能もついたせんたく機。

（　（例）生活が便利になった。　）

43

答えは別さつ10ページ→

10

㉑ 自動車生産①

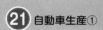

学習した日　月　日

ステップ1　かくにんしよう！

1 自動車生産のさかんな地域
自動車の生産額が最も多いのは愛知県です。特に、愛知県豊田市のまわりには多くの自動車工場や関連工場があります。

2 自動車の組み立て工場
自動車は、消費者の注文に合わせて、組み立てラインでつくられます。大きな部品や重い部品を取り付けるときや、きけんな作業のときは、機械やロボットが作業します。安全で効率よく作業するために、ラインにそって組み立てられています。

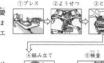
①プレス　②ようせつ　③とそう
④組み立て　⑤検査
↑組み立て工場の組み立てライン

3 自動車の関連工場
自動車には約3万個の部品が使われています。組み立て工場の周辺には、部品をつくる関連工場があります。関連工場は、組み立て工場が組み立てる時間に合わせて、部品をとどけています。これをジャスト・イン・タイム方式といいます。

組み立て工場
部品をつくる工場
小さな部品をつくる工場
↑組み立て工場と関連工場
Check!

ステップ2　れんしゅうしよう！

① 次の文の（　）にあてはまることばを書きましょう。

(1) 自動車生産が特にさかんなのは、（　愛知　）県豊田市である。

(2) 自動車を完成させる工場を（　組み立て工場　）という。

(3) 自動車の部品をつくる工場を（　関連工場　）という。

44

② 次の(1)～(5)にあてはまることばを、ア～オから選び、記号で答えましょう。

(1) 金属板を切り取り、機械で曲げるなどしてドアなどをつくる。　　　　（　ア　）

(2) 買う人の希望に合わせて、さまざまな色にぬり分ける。　　　　（　エ　）

(3) おもにロボットを使い、部品をつなぎ合わせる。　　　　（　ウ　）

(4) 次々にやってくる車体に部品を取り付ける。　　　　（　イ　）

(5) 組み立てられた自動車のブレーキや水もれを調べる。　　　　（　オ　）

ア プレス　イ 組み立て　ウ ようせつ　エ とそう　オ 検査

ステップ3　やってみよう！

次の問いに答えましょう。

(1) ステップ2②の(1)～(5)を、自動車をつくる順番にならべかえましょう。

（　(1)　→　(3)　→　(2)　→　(4)　→　(5)　）

(2) 組み立て工場の組み立てる時間に合わせて、関連工場が部品をとどける方式を何といいますか。

（　ジャスト・イン・タイム　）方式

(3) 自動車の組み立てで、ロボットや機械が使われるのはどんなときですか。かんたんに説明しましょう。

（　(例) 重い部品を取り付けるときや、きけんな作業のとき。　）

45

答えは別さつ11ページ

㉒ 自動車生産②

学習した日　月　日

ステップ1　かくにんしよう！

1 自動車でつながる世界
完成した自動車は、近くへはおもにキャリアカー、海外などへは自動車専用船で運ばれます。近年、自動車会社は、海外の工場で生産・販売する現地生産が増えています。その国の好みに合った自動車を生産したり、仕事を増やして産業を発展させることにこうけんしたりしています。

↑自動車の海外生産台数

(万台)
1985 90 95 2000 05 10 15 16(年)
(日本自動車工業会資料)

2 進む自動車開発
自動車は、シートベルトやエアバッグで安全性の向上がめざされています。ほかにも、環境を考えた排出ガスを出さない燃料電池自動車や電気自動車がつくられています。また、自動運転システムや、車いすで乗り降りできる車や手だけで運転できる車の開発が行われています。乗るときだけでなく、使い終わった自動車の95％以上がリサイクルされるように法律で定められているなど、自動車づくりではさまざまなくふうが行われています。

↑車いすのまま乗り降りできる自動車

ステップ2　れんしゅうしよう！

① 次の文の（　）にあてはまることばを書きましょう。

(1) 完成した自動車を近くに運ぶときは、（　キャリアカー　）などを使う。

(2) 人がハンドルそうさなどしなくても運転できる（　自動運転　）システムの開発が進められている。

46

② 次の(1)・(2)にあてはまることばを、｛　｝から選び、○でかこみましょう。

(1) 自動車の現地生産は｛　減って・(増えて)　｝いる。

(2) 燃料電池自動車や電気自動車は、二酸化炭素などの排出ガスを｛　(減らす)・増やす　｝ねらいでつくられた。

③ 次の資料と関係の深いことがらをア～ウから選び、記号で答えましょう。

（　ウ　）　　　（　イ　）　　　（　ア　）

ア エアバッグ　イ 自動運転システム
ウ 車いすでも乗り降りしやすい車

ステップ3　やってみよう！

右のグラフは、自動車の海外生産の台数の変化を示しています。これを見て、次の問いに答えましょう。

(万台)
1985 90 95 2000 05 10 15 16(年)
(日本自動車工業会資料)

(1) 海外生産台数は、増えていますか、減っていますか。

（　増えている。　）

(2) 海外生産をするとよいと考えられることを一つ、説明しましょう。

（　(例) その国の産業を発展させる。　）

チャレンジ！

□に「車」を入れたら漢字にならないのはどれかな？
ア □□　イ □云　ウ □侖　エ □非　　　（　エ　）

47

答えは別さつ11ページ

11

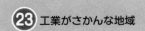
㉓ 工業がさかんな地域

ステップ1　かくにんしよう！

1 工業がさかんな地域

工業がさかんな地域は、原料の輸入や製品の輸送に便利な海ぞいに広がっています。関東地方南部から九州地方北部にかけては工業地帯・地域が帯状につらなり、太平洋ベルトとよばれます。最近は、高速道路が各地に広がったことで、内陸部にも工業地域が広がるようになりました。

2 工業地帯・地域の特色

多くの工業地帯・地域は機械工業を中心としています。中京工業地帯は自動車工業がさかんで機械工業の割合が特に高く、全体の工業生産額は第一位です。工業生産額にしめる割合は、京浜工業地帯や京葉工業地域は化学工業、阪神工業地帯や瀬戸内工業地域は化学工業と金属工業、内陸にある関東内陸工業地域では食料品工業が高めになっています。

↑おもな工業地帯・地域別工業生産割合
（2016年）（『日本国勢図会2019/20年版』）

ステップ2　れんしゅうしよう！

① 次の(1)～(3)を何といいますか。ア～ウから選び、記号で答えましょう。

(1) 関東地方南部から九州地方北部に連なる工業のさかんな地域。（　ウ　）

(2) 日本で工業生産額が最も多い工業地帯。（　イ　）

(3) 大阪府と兵庫県に広がる工業地帯。（　ア　）

ア　阪神工業地帯　　イ　中京工業地帯　　ウ　太平洋ベルト

48

② 次の(1)～(4)にあてはまることばを、{ }から選び、○でかこみましょう。

(1) 工業のさかんな地域は、{ 内陸・**海ぞい** }に多い。

(2) 東京都と神奈川県に{ **京浜**・京葉 }工業地帯が広がる。

(3) 中京工業地帯は特に{ **機械**・化学 }工業がさかんである。

(4) 内陸部に工業地域が広がった大きな理由の一つに{ **高速道路**・鉄道 }の発達がある。

ステップ3　やってみよう！

右のグラフを見て、次の問いに答えましょう。

(1) 右のグラフ中の①～③は、京浜工業地帯・中京工業地帯・阪神工業地帯のいずれかの工業生産割合です。あてはまるものを書きましょう。

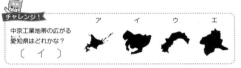

①（　中京工業地帯　）

②（　阪神工業地帯　）

③（　京浜工業地帯　）

(2) グラフ中のすべての工業地帯をふくむ、海ぞいに帯のように広がる工業がさかんな一帯を何といいますか。

（　太平洋ベルト　）

チャレンジ！
中京工業地帯の広がる愛知県はどれかな？
ア　イ　ウ　エ

〔　イ　〕

49　　答えは別さつ12ページ→

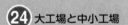
㉔ 大工場と中小工場

ステップ1　かくにんしよう！

1 大工場と中小工場

働いている人の数が300人未満の工場を中小工場、300人以上の工場を大工場と区別します。日本では、工場のほとんどが中小工場で、働く人の数も中小工場の合計の方が多くなっています。一方で、生産額は大工場が多くなっています。

2 中小工場

中小工場は、生産量が少なかったり、つくりが細かいものを生産していたりするところが多くありますが、ねだんの安い部品をつくるところが多いため、1人あたりの生産額が大工場より少なくなっています。しかし、高い技術力を生かした大阪府東大阪市の工場や、古くからの技術を生かした福井県鯖江市でのめがねわくの生産など、世界で評価されている工場もたくさんあります。

（2016年、※2017年）（『日本国勢図会2019/20年版』）
↑大工場と中小工場

（2016年）（経済センサス）
↑工業の生産額にしめる中小工場と大工場

ステップ2　れんしゅうしよう！

① 次の(1)・(2)を何といいますか。ア・イから選び、記号で答えましょう。

(1) 働く人の数が300人未満の工場。（　イ　）

(2) 働く人の数が300人以上の工場。（　ア　）

ア　大工場　　イ　中小工場

50

② 次の(1)・(2)にあてはまることばを、{ }から選び、○でかこみましょう。

(1) 日本の工場のほとんどは{ **中小**・大 }工場である。

(2) 工場で働く人の数は、{ **中小**・大 }工場が約7割をしめる。

ステップ3　やってみよう！

① 右のグラフをもとに、中小工場で働く人1人あたりの生産額は、大工場で働く人1人あたりの生産額と比べてどうなっているか、説明しましょう。

（2016年、※2017年）（『日本国勢図会2019/20年版』）

（　（例）少なくなっている。　）

② 次の中小工場の人の話から、中小工場の長所を考えて書きましょう。

わたしの工場では、手作業で金属の加工をしています。一人前になるには長い時間がかかりますよ。これまで、ロケットの先の部分や、天体観測用の大きなアンテナをつくりました。注文に合わせて1つずつつくるので、技術をみがき、新しいことを学ぶのはとても大切です。

（　（例）高い技術力をもっている。　）

チャレンジ！
パソコンやスマートフォン用のめがねが防いでいる光はどれかな？
ア　レッドライト　　イ　イエローライト
ウ　ブラックライト　　エ　ブルーライト

〔　エ　〕

51　　答えは別さつ12ページ→

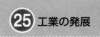

㉕ 工業の発展

学習した日　　月　日

ステップ1　かくにんしよう！

1 工業生産の変化

日本は、昔はせんい工業がさかんで、しだいに機械工業が中心となりました。生産額は1960年ごろから大きく増えています。

2 日本の工業の課題

日本の工業製品がよく売れるようになると、1980年代に、アメリカなどとの間で貿易まさつがはげしくなり、日本企業は現地生産を増やしました。さらに、製品の生産費用をおさえられるアジアの工場への移転も進み、国内の産業がおとろえる産業の空どう化が心配されています。また、環境を考えた製品をつくり、資源を有効に利用して持続可能な社会をめざすことが求められています。

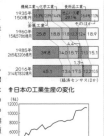

↑日本の工業生産の変化

↑海外進出する日本企業（製造業）数

ステップ2　れんしゅうしよう！

① 次の（　）にあてはまることばを書きましょう。

(1) 日本の工業の中心はせんい工業から（ 機械 ）工業に変化した。

(2) 1980年代に、日本と外国との間で（ 貿易まさつ ）がおこり、工場の海外移転が進んだ。

52

② 次の(1)～(3)にあてはまることばを、{　}から選び、○でかこみましょう。

(1) 日本の工場の海外進出は、{ (増加)・減少 }している。

(2) これからの工業には、環境を考えた{ 産業の空どう化・(持続可能な社会) }を実現することが求められている。

(3) 海外で日本の工場が多く進出している地域は、{ (アジア)・アフリカ }である。

ステップ3　やってみよう！

産業の空どう化とはどういうことですか。次の2つのグラフから考えて、説明しましょう。

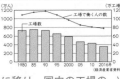

海外進出する日本企業（製造業）数　　日本国内の工場数と工場で働く人の数

（例）工場が海外に移り、国内の工場の数が減っていること。

チャレンジ！

タイには、日本の工場が多くつくられているよ。タイの料理はどれかな？

ア　ボルシチ　　　イ　フカヒレスープ
ウ　ミネストローネ　エ　トムヤムクン　　　〔 エ 〕

53　　答えは別さつ13ページ→

㉖ 運輸

学習した日　　月　日

ステップ1　かくにんしよう！

1 日本の運輸

海にかこまれている日本では、外国との輸出や輸入は主に船を使います。国内輸送では、自動車による輸送が中心です。高速道路の近くに、荷物をのせかえるトラックターミナルや大規模な倉庫をつくり、品物をすばやく運べるくふうもされています。

2 さまざまな輸送方法

船は時間がかかりますが、一度に大量のものを運べ、輸送費用もおさえられます。世界共通の大きさのコンテナにものを入れて運ぶコンテナ船や、液体を運ぶタンカーなど、運ぶものによってさまざまな船が使われます。航空機は輸送費用が高いものの、はやく運ぶことができるので、小型・軽量でねだんの高いものや、新鮮さが求められるものの輸送に使われます。鉄道は線路があるところしか運べませんが、時間に正確で、二酸化炭素の排出量が少ないです。自動車は道路があれば目的地まで運ぶことができます。

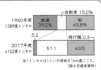

↑国内の貨物輸送の変化

コンテナは世界共通の大きさの容器だから、船にのせやすいよ。

ステップ2　れんしゅうしよう！

① 次の(1)～(3)にあてはまる輸送方法を、ア～ウから選び、記号で答えましょう。

(1) 輸送費は高いが、はやく運ぶことができる。　　（ イ ）

(2) 時間はかかるが、輸送費は安く、一度に大量のものを運べる。　（ ウ ）

(3) 時間に正確で、二酸化炭素の排出量が少ない。　（ ア ）

ア　鉄道　イ　航空機　ウ　船

54

② 次の(1)～(3)にあてはまることばを、{　}から選び、○でかこみましょう。

(1) 日本と外国との貿易では、主に{ (船)・鉄道 }を使う。

(2) 日本国内の輸送の中心は{ 航空機・(自動車) }である。

(3) 新鮮さが重要なものは主に{ (航空機)・鉄道 }で運ぶ。

ステップ3　やってみよう！

次の問いに答えましょう。

(1) 日本の貨物輸送の中心が鉄道から自動車になった理由としてまちがっているものを1つ選びましょう。

ア　高速道路が全国に広がったから。
イ　目的地の近くまで運ぶことができるから。
ウ　鉄道より二酸化炭素の排出量が少ないから。
エ　大型トラックや保冷トラックが増えたから。　　（ ウ ）

(2) 次の船の名称を、あとのア～ウから選びましょう。

（ ウ ）　　　（ ア ）　　　（ イ ）

ア　タンカー　イ　コンテナ船　ウ　自動車専用船

チャレンジ！

コンテナの形としていちばんいいのはどれかな？

ア　　　イ　　　ウ　　　エ

（ ア ）

55　　答えは別さつ13ページ→

13

㉗ 貿易①

学習した日　月　日

ステップ1　かくにんしよう！

1　日本の貿易

日本の貿易相手は，1位が中国，2位がアメリカです。貿易額が最も多い貿易港は成田国際空港です。名古屋港は，特に自動車の輸出がさかんです。

2　日本の貿易の特色

日本は，ほとんどの原料や資源を輸入にたよっています。石油はサウジアラビア，石炭はオーストラリア，鉄鉱石はオーストラリアやブラジルからの輸入が多くなっています。輸出は機械類などの工業製品が中心です。

> 日本は資源の多くを輸入にたよっているよ。

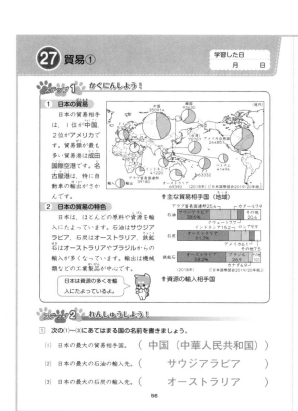

▲主な貿易相手国（地域）

▲資源の輸入相手国

ステップ2　れんしゅうしよう！

1　次の(1)～(3)にあてはまる国の名前を書きましょう。

(1) 日本の最大の貿易相手国。（　中国（中華人民共和国）　）

(2) 日本の最大の石油の輸入先。（　サウジアラビア　）

(3) 日本の最大の石炭の輸入先。（　オーストラリア　）

56

2　次の(1)～(3)にあてはまることばを，{　}から選び，○でかこみましょう。

(1) 日本最大の貿易港は {　名古屋港・(成田国際空港)　} である。

(2) {　(名古屋港)・成田国際空港　} は，自動車の輸出がさかんである。

(3) 日本の輸出の中心は，{　(工業製品)・原料　} である。

ステップ3　やってみよう！

次の問いに答えましょう。

(1) 次のグラフは，日本の資源の輸入相手国の割合を示したものです。①～③にあてはまる資源を，あとのア～ウからそれぞれ選び，記号で答えましょう。

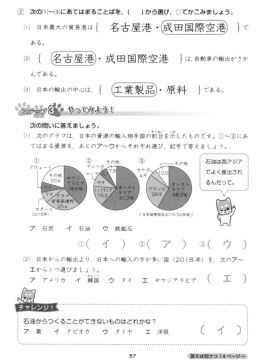

> 石油は西アジアでよく産出されるんだって。

ア　石炭　イ　石油　ウ　鉄鉱石

①（　イ　）②（　ア　）③（　ウ　）

(2) 日本からの輸出より，日本への輸入の方が多い国（2018年）を，次のア～エから1つ選びましょう。

ア　アメリカ　イ　韓国　ウ　タイ　エ　サウジアラビア　（　エ　）

チャレンジ！

石油からつくることができないものはどれかな？

ア　薬　イ　タピオカ　ウ　タイヤ　エ　洋服　〔　イ　〕

57　　答えは別さつ14ページ→

㉘ 貿易②

学習した日　月　日

ステップ1　かくにんしよう！

1　日本の輸入の変化

輸入の中心は，昔は燃料や原料でした。今は，機械類を中心に工業製品の輸入が増えています。これは，アジアの国々で工業がさかんになったことや，海外にある日本の会社の工場から輸入することが増えたことが理由です。

2　日本の輸出の変化

日本の輸出の中心は工業製品です。かつては原料を輸入し，製品に加工して輸出する加工貿易がさかんでした。以前に比べ，鉄鋼やせんい品の割合は低くなっています。また，海外の工場へ部品や機械類などを輸出することが増えています。

> 日本は資源が少ないから，燃料や原料の輸入は今も多いよ。

▲日本の輸入品の変化

▲日本の輸出品の変化

ステップ2　れんしゅうしよう！

1　次の(1)・(2)にあてはまるのは，輸出・輸入のどちらですか。書きましょう。

(1) かつては原料や燃料が中心だったが，最近は機械類も多い。

（　輸入　）

(2) かつてはせんい品や鉄鋼が中心だったが，現在は機械類が多い。

（　輸出　）

58

2　次の(1)・(2)にあてはまることばを，{　}から選び，○でかこみましょう。

(1) 日本では，かつて {　(原料)・製品　} を輸入し，{　原料・(製品)　} に加工して輸出する加工貿易がさかんだった。

(2) 近年，日本の工業製品の輸入が {　(増えて)・減って　} いる理由として，アジアの国々の工業化や，日本企業の海外進出がある。

ステップ3　やってみよう！

次の問題に答えましょう。

(1) 右のア・イは，日本の輸入品の変化か輸出品の変化のいずれかです。輸入品，輸出品にあてはまるものをそれぞれ選び，記号で答えましょう。

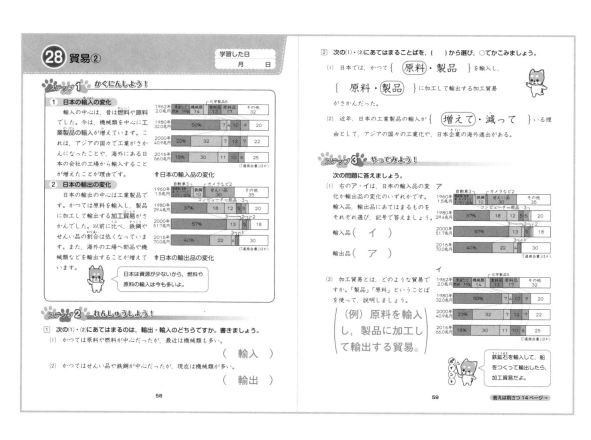

輸入品（　イ　）

輸出品（　ア　）

(2) 加工貿易とは，どのような貿易ですか。「製品」「原料」ということばを使って，説明しましょう。

（例）原料を輸入し，製品に加工して輸出する貿易。

> 鉄鉱石を輸入して，船をつくって輸出したら，加工貿易だよ。

59　　答えは別さつ14ページ→

14

学習した日　月　日

1 次の(1)〜(3)の工場を何といいますか。ア〜ウから選び，記号で答えましょう。

(1) 自動車を完成させる工場。　　　　　　（ イ ）

(2) 自動車の部品をつくる工場。　　　　　（ ウ ）

(3) 働いている人が300人未満の工場。　　（ ア ）

ア 中小工場　イ 組み立て工場　ウ 関連工場

2 次の(1)〜(3)にあてはまることばを，{ }から選び，○でかこみましょう。

(1) 日本の自動車の現地生産は{ 増えて・減って }いる。

(2) 中小工場と大工場では，働く人一人あたりの生産額が多いのは{ 中小工場・大工場 }である。

(3) 日本の輸入品を見ると，工業製品の輸入は{ 増えて・減って }いる。

3 次の(1)〜(4)にあてはまる国を，ア〜エから選び，記号で答えましょう。

(1) 日本にとって，一番貿易額の多い国。　　（ エ ）

(2) 日本が石炭を最も多く輸入している国。　（ イ ）

(3) 日本が，鉄鉱石を2番目に多く輸入している国。　（ ア ）

(4) 日本が，石油を最も多く輸入している国。　（ ウ ）

ア ブラジル　イ オーストラリア　ウ サウジアラビア　エ 中国

60

4 右の地図を見て，次の問いに答えましょう。

(1) 右の地図中にⒶで示した，工業のさかんな地域を何といいますか。

（ 太平洋ベルト ）

(2) 地図中の愛知県では，自動車の生産がさかんです。次の問いに答えましょう。

① 自動車の生産は，何という工業にふくまれますか。次のア〜エから選び，記号で答えましょう。

ア 金属工業　イ 化学工業
ウ 機械工業　エ 食料品工業　　　　　（ ウ ）

② 次のア〜オを，自動車を組み立てる順番にならべかえましょう。

ア　　　イ　　　ウ　　　エ　　　オ

（ ウ → エ → ア → オ → イ ）

③ 愛知県は，何という工業地帯にふくまれますか。

（ 中京工業地帯 ）

(3) 右の表は，成田国際空港と名古屋港の主な輸入品を示したものです。名古屋港にあてはまるのはちらですか。ア・イから選び，記号で答えましょう。また，そう考えた理由を，かんたんに説明しましょう。

	主な輸入品
ア	通信機，医薬品，集積回路
イ	液化ガス，衣類，石油，アルミニウム

(2018年)　（『日本国勢図会 2019/20年版』）

記号（ イ ）

理由（ (例) 重くて大きいものは，船で運ばれるから。 ）

61　　　答えは別さつ15ページ→

学習した日　月　日

ステップ1　かくにんしよう！

1 ニュース番組をつくる現場

　情報を伝える方法を**メディア**といいます。ニュース番組は，放送局でつくられます。記者が情報を集め，**編集長**などがどの情報を伝えるかを選び，編集して，**アナウンサー**が伝えます。事実とことなる報道や大げさな報道で**報道被害**がおきないよう，気をつける必要があります。また，メディアの伝える内容は，送り手の考え方によって変わります。わたしたち自身も，情報を利用するときは，冷静に判断することが大切です。

2 新聞をつくる現場

　新聞社では，取材や編集会議，記事の作成などを経て新聞をつくっています。新聞社では，「社説」などで自社の考えを伝えたり，1つのことをほりさげたりもしています。

↑さまざまなメディア

テレビ	・映像や音声，文字で伝える。
ラジオ	・音声で伝える。 ・家事などをしながら利用できる。
新聞	・文字を中心に伝える。 ・持ち運べる。 ・切りぬいて保存できる。
ざっし	・文字や写真で伝える。 ・持ち運べる。
インターネット	・映像，音声，文字，写真，絵などで伝える。 ・世界中の情報をすぐに見たり，自分で情報を発信したりできる。

ステップ2　れんしゅうしよう！

1 次の(1)・(2)のメディアを，ア・イから選び，記号で答えましょう。

(1) 世界中の情報をすぐに見たり，自分で情報を発信できたりする。　（ イ ）

(2) 音声で情報を伝え，家事などをしながら利用できる。　（ ア ）

ア ラジオ　イ インターネット

64

2 ニュース番組をつくる現場について，次の(1)〜(3)にあてはまるものを，ア〜ウから選び，記号で答えましょう。

(1) 情報を取材する人。　　　　　　　　　（ ウ ）

(2) 集めた情報のうち，何を使うか決める人。　（ ア ）

(3) ニュース番組で，情報を伝える人。　　　（ イ ）

ア 編集長　イ アナウンサー　ウ 記者

ステップ3　やってみよう！

次の問いに答えましょう。

(1) 次の説明があてはまるメディアを，あとのア〜エからそれぞれ選びましょう。

(イ)	映像・音声・文字	子どもからお年寄りまで楽しめる。
(ア)	文字中心	切りぬいて保存できる。 持ち運べる。
ざっし	文字や写真	持ち運べる。
(エ)	音声	ほかのことをしながら利用できる。
(ウ)	映像・音声・文字・写真・絵	世界中の情報をすぐに見たり，自分で情報を発信できたりする。

ア 新聞　イ テレビ　ウ インターネット　エ ラジオ

(2) ニュース番組や新聞では，テレビ局や新聞社によって内容がことなることがあります。その理由を説明しましょう。

（ (例) 情報の送り手の考え方によって，伝える内容が変わるから。 ）

65　　　答えは別さつ15ページ→

15

㉜ 情報化②

ステップ1 かくにんしよう！

1 情報を生かす産業

さまざまな産業で情報通信技術（ICT）の活用が広がっています。コンビニエンスストアでは、商品についたバーコードを機械で読み取って、売れた個数や種類などを自動で記録するPOSシステムが使われています。また、商品の配送では、GPSで配送車の運行状況をはあくしたり、インターネットで情報発信したりしています。

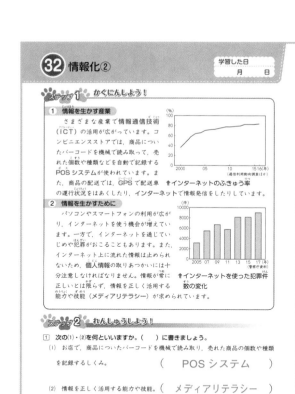

↑インターネットのふきゅう率

2 情報を生かすために

パソコンやスマートフォンの利用が広がり、インターネットを使う機会が増えています。一方で、インターネットを通じていじめや犯罪がおこることもあります。また、インターネット上に流れた情報は止められないため、個人情報の取りあつかいには十分注意しなければなりません。情報が常に正しいとは限らず情報を正しく活用する能力や技能（メディアリテラシー）が求められています。

↑インターネットを使った犯罪件数の変化

ステップ2 れんしゅうしよう！

① 次の⑴・⑵を何といいますか。（　）に書きましょう。

⑴ お店で、商品についたバーコードを機械で読み取り、売れた商品の個数や種類を記録するしくみ。（　POSシステム　）

⑵ 情報を正しく活用する能力や技能。（　メディアリテラシー　）

66

② 次の⑴～⑶にあてはまることばを、{　}から選び、○でかこみましょう。

⑴ 情報通信技術を、{ GPS・**ICT** }という。

⑵ インターネットのふきゅう率は、10年前よりも{ **増えて**・減って }いる。

⑶ インターネットを利用した犯罪の件数は、10年前よりも{ **増えて**・減って }いる。

ステップ3 やってみよう！

① コンビニエンスストアの商品には、右のようなバーコードがついています。コンビニエンスストアでは、バーコードを機械で読み取ることで、どのような情報を集めていますか。1つ書きましょう。

（（例）どんな商品が売れたか。）

② 情報化が進む社会の中で、わたしたちは情報を選んで活用する姿勢が求められています。情報を選ぶ必要があるのはなぜですか。説明しましょう。

（（例）情報が常に正しいとは限らないから。）

チャレンジ！

日本で初めてテレビが放映されたときにうつったものはどれかな？
ア 漢字の「阿」　　イ カタカナの「イ」
ウ ひらがなの「う」　エ チャ太郎

〔　イ　〕

67　　答えは別さつ16ページ→

㉝ 災害とわたしたち

ステップ1 かくにんしよう！

1 災害の多い日本

日本は、世界自然遺産に登録される豊かな自然がある一方、自然災害の多い国です。複数のプレートが出合う位置にあることから地震が多く、2011年におきた東日本大震災では津波によって被害が拡大しました。また、つゆや台風による大量の雨は、こう水や土砂災害を引きおこします。さらに、多くの火山があり、活動中の火山もあって、火山の噴火もおこりやすくなっています。

津波は地震が引きおこすよ。

2 自然災害に備えて

気象庁は、自然災害の前ぶれがあると、警報や緊急地震速報で警戒をよびかけています。地震に備え、建物に耐震工事を行うことも大切です。自治体は、自然災害による被害の予想を示したハザードマップを作成して住民に配布しています。国や県、市町村が協力し、防災対策を進めていますが、被害をできるだけ減らす減災のためにひとりひとりが備えることも大切です。

26%以上
6～26%
0～6%

（今後30年で震度6以上となる確率）
（2010年1月）（地震調査研究推進本部資料）
↑地震の予想図

ステップ2 れんしゅうしよう！

① 次の⑴・⑵にあてはまることばを、{　}から選び、○でかこみましょう。

⑴ 地震は{ **津波**・こう水 }を引きおこすことがある。

⑵ 大雨で{ **土砂災害**・火山の噴火 }がおきることがある。

68

② 次の⑴～⑶にあてはまることばを、ア～ウから選び、記号で答えましょう。

⑴ 自治体では、自然災害で被害を受ける範囲の予想や避難所などを示した（　イ　）を配布している。

⑵ 地震がおきる直前、気象庁は（　ア　）で警戒をよびかけている。

⑶ 自然災害に備え、ひとりひとりが（　ウ　）に取り組むことが必要である。

ア 緊急地震速報　イ ハザードマップ　ウ 減災

ステップ3 やってみよう！

次の問いに答えましょう。

⑴ 右は、神奈川県のホームページにのっている、防災に関する注意書きです。なぜ、海岸近くで強い地震や長い時間のゆれを感じたら、高台に避難する必要があるのか、説明しましょう。

海岸近くで地震を感じたら直ちに避難
強い地震（震度4程度以上）や、長い時間のゆれを感じたら、直ちに海岸から離れ、急いで高台などの安全な場所へ避難しましょう。

（（例）津波がおこるかもしれないから。）

⑵ あなたが自宅で災害にあったときに、避難する場所を、調べて書きましょう。

（（例）小学校の校庭　）

チャレンジ！

右の標識は何を表しているかな？
ア 落とし穴注意
イ ろうかを走らない
ウ 避難場所
エ 池に入って遊ばない

〔　ウ　〕

69　　答えは別さつ16ページ→

㉞ 日本の林業

ステップ1　かくにんしよう！

1 日本の森林

日本は国土の約3分の2が森林で、自然のままの天然林と、人が手を加えた人工林があります。森林は、木材を生み出すなど資源として利用されるほか、風や雪の害や土砂くずれなどの自然災害を防いだり、水をたくわえたりといったさまざまな役割があります。

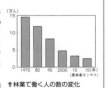

▲各国の国土にしめる森林の割合

2 林業

よい木材を育てるには長い年月が必要です。植林をしたあと、下草がりや間ばつといった手入れをし、育てた木を加工して木材にします。林業で働く人は、木を切って木材にすると同時に、木を植えて森林資源を守っています。林業で働く人の数は減っています。

森林には水源林や防風林としての役割もあるよ。

▲林業で働く人の数の変化

ステップ2　れんしゅうしよう！

1 次の(1)・(2)にあてはまることばを、{ }から選び、○でかこみましょう。

(1) 日本の国土のおよそ{ 3分の1・(3分の2) }が森林である。

(2) 林業で働く人は{ 増えて・(減って) }いる。

2 次の(1)〜(3)にあてはまるものを、ア〜ウから選び、記号で答えましょう。

(1) 木の苗を植える。　　　　　　　　　　（ ウ ）

(2) 木のまわりの草をかる。　　　　　　　（ ア ）

(3) 不要な木を切る。　Check!　（ イ ）

ア 下草がり　イ 間ばつ　ウ 植林

ステップ3　やってみよう！

日本の森林について、次の問いに答えましょう。

(1) 次のア〜エが、木材ができるまでの順番にならべかえましょう。
　ア 間ばつ　イ 木を切って運び出す　ウ 下草がり　エ 植林

　　　　　（ エ → ウ → ア → イ ）

(2) 森林の働きには、どのようなものがありますか。1つ書きましょう。

（ （例）水をたくわえる働き。 ）

(3) 右のグラフを見て、国産木材の使用量はどのように変わってきたか、あてはまるものを次のア〜エから1つ選びましょう。
　ア 減り続けている。
　イ 増え続けている。
　ウ 減ったあと、増えてきている。
　エ 増えたあと、減ってきている。

　　　　　　　　　（ ウ ）

国内の木材使用量の変化

チャレンジ！

次のチャ太郎のセリフの〔 〕にあてはまる地図記号は何かな？

この木は針葉樹だから、地図記号で表すと〔 ∧ 〕だね。

㉟ わたしたちを取りまく環境

ステップ1　かくにんしよう！

1 工業の発展と公害

日本では1950年代後半から高度経済成長が始まり、環境よりも工業の発展を優先したため、各地で公害がおこりました。大気や水質の悪化は、人々の健康をおびやかします。特に大きな被害を出したものは四大公害病とよばれます。

公害病名	場所	原因
水俣病	熊本県・鹿児島県	有機水銀
イタイイタイ病	富山県	カドミウム
四日市ぜんそく	三重県	有害物質をふくむけむり
新潟水俣病	新潟県	有機水銀

▲四大公害病

2 公害対策

国は、1967年に公害対策基本法をつくり、また公害の種類や守るべき基準を定めました。また、1971年には公害の防止や自然環境の保護などを行う環境庁（現在は環境省）が発足しました。1993年には地球規模の環境保全にまでふみこんだ環境基本法が制定されています。国だけでなく、自治体や住民の取り組みもあり、公害は減ってきています。

▲公害の苦情件数の割合

ステップ2　れんしゅうしよう！

1 次の(1)・(2)にあてはまることばを、{ }から選び、○でかこみましょう。

(1) 高度経済成長のとき、{ 環境・(工業) }を優先したことで公害が深刻になった。

(2) 国は1967年に{ (公害対策)・環境 }基本法を定めた。

2 次の場所で発生した四大公害病を、あとのア〜エから選び、記号で答えましょう。

（ エ ）　　　　　　　　　　（ イ ）

（ ウ ）　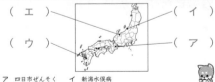　　　　（ ア ）

ア 四日市ぜんそく　イ 新潟水俣病
ウ 水俣病　　　　　エ イタイイタイ病

ステップ3　やってみよう！

右のグラフを見て、次の問いに答えましょう。

(1) グラフ中の①・②にあてはまる公害名を、次のア〜エからそれぞれ選びましょう。
　ア 騒音・振動　イ 悪臭
　ウ 水質汚濁　　エ 大気汚染

　①（ ア ）②（ エ ）

公害の苦情件数の割合

その他 30.5／①25.8%／②21.2／13.3／9.0／土壌汚染 0.2

(2) 次の表は、全国の公害への苦情の数の変化を示しています。苦情の数はどのように変化しているか書きましょう。

年度	2013	2014	2015	2016	2017
件数	76958	74785	72461	70047	68115

（日本国勢図会2019/20年版）

（ （例）だんだん減ってきている。 ）

チャレンジ！

汚れた川がきれいになったら放すことが多いのはどれかな？
ア カマキリ　イ ホタル
ウ セミ　　　エ クワガタ

　　　　　〔 イ 〕

17

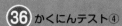

㊱ かくにんテスト④

学習した日　月　日

1 次の(1)～(4)を何といいますか。ア～エから選び、記号で答えましょう。

(1) 情報を伝える方法。　　　　　　　　　　　　（　**ウ**　）

(2) 店でバーコードを機械で読みこみ、売れた商品や個数などを記録するしくみ。
　　　　　　　　　　　　　　　　　　　　　　　（　**ア**　）

(3) 世界中のコンピューターをつなぐ情報網。　　（　**エ**　）

(4) 情報通信機器を活用して、情報処理や通信を行う技術や、情報・知識を共有・
伝達する技術。　　　　　　　　　　　　　　　（　**イ**　）
　　ア　POSシステム　イ　ICT　ウ　メディア　エ　インターネット

2 次の(1)～(5)にあてはまることばを、{ }から選び、○でかこみましょう。

(1) 日本は複数のプレートが出合う位置にあるので
{ こう水・**地震** }が多い。

(2) 林業で働く人の数は{ 増えて・**減って** }いる。

(3) 日本の木材の半分以上は{ **輸入木材**・国産木材 }である。

(4) 九州地方の熊本県・鹿児島県にある八代海沿岸では、有機水銀が原因で、
{ イタイイタイ病・**水俣病** }が発生した。

(5) 日本は、地球規模の環境問題にも取り組むため、1993年に
{ 公害対策基本法・**環境基本法** }を定めた。

74

3 次の問いに答えましょう。

(1) 次のア～エを、ニュース番組をつくる順番にならべかえましょう。
　　ア　情報をもとに編集会議を開く　イ　原稿や映像をつくる
　　ウ　記者が情報を集める　　　　　エ　アナウンサーが伝える
　　　　　　　　（　**ウ**　→　**ア**　→　**イ**　→　**エ**　）

(2) インターネットによって、わたしたちの生活は便利になりました。一方で、インターネットには問題点もあります。右のグラフから読み取れる、インターネットの問題点を、かんたんに書きましょう。

インターネットを使った犯罪件数の変化
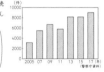

（ **(例)インターネットを使った犯罪が増えている。** ）

4 次の問いに答えましょう。

(1) 地震による大きなゆれの直前に、予想されるゆれなどを、テレビやスマートフォンに知らせる速報を何といいますか。　（　**緊急地震速報**　）

(2) 日本は森林の多い国です。国土のどれくらいを森林がしめているか、次のア～エから選び、記号で答えましょう。
　　ア　2分の1　イ　3分の1
　　ウ　3分の2　エ　5分の1　　　　　　　　　（　**ウ**　）

(3) 右の地図は、津波がくるまでの時間や避難場所が書きこまれています。このような地図を何といいますか、書きましょう。

（　**ハザードマップ**　）

(4) 減災のために、右のような地図を使って取り組めることを1つ書きましょう。

（ **(例)避難場所を確かめる。** ）

75

答えは別さつ18ページ→

㊲ まとめテスト①

学習した日　月　日

1 次の(1)～(4)にあてはまることばを、{ }から選び、○でかこみましょう。

(1) 日本の川は世界の川に比べて、長さが{ 長く・**短く** }、流れが
{ **急**・ゆるやか }である。

(2) 土地の高さが{ **高い**・低い }ところは、夏でもすずしい気候を
生かして、レタスやキャベツなどの生産がさかんである。

(3) 台風の多い{ **沖縄県**・北海道 }の伝統的な家は、屋根がわらをしっくいでとめたり、さんごの石垣で家のまわりをかこったりしている。

(4) 農業や漁業、林業で働く人の数は{ 増えて・**減って** }いて、
割合は{ わかい人・**お年寄り** }が増えた。

2 次の(1)～(4)にあてはまるものを、地図中のア～エから選び、記号で答えましょう。

(1) 180度の経線。　（　**イ**　）

(2) 赤道。　　　　　（　**ウ**　）

(3) 世界最大の国。　（　**ア**　）

(4) 日本が鉄鉱石を多く輸入している国。
　　　　　　　　　（　**エ**　）

76

3 右の地図を見て、次の問いに答えましょう。

(1) Xは北方領土です。北方領土にふくまれる島を、次のア～エから選び、記号で答えましょう。
　　ア　沖ノ鳥島　イ　南鳥島
　　ウ　与那国島　エ　択捉島
　　　　　　　　　（　**エ**　）

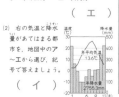

(2) 右の気温と降水量があてはまる都市を、地図中のア～エから選び、記号で答えましょう。
　　　　　　　　　（　**イ**　）

(3) 地図中のYは、ある作物の生産量上位5位までを示しています。あてはまる作物を、次のア～エから選び、記号で答えましょう。
　　ア　もも　イ　ぶどう　ウ　りんご　エ　みかん　（　**ウ**　）

(4) 地図中のZの工業地帯について、次の問いに答えましょう。

① Zの工業地帯を何といいますか。　（　**中京工業地帯**　）

② 右のグラフは、Zの工業地帯と、京浜工業地帯、阪神工業地帯、瀬戸内工業地域の工業生産額の内訳を示したものです。Zの工業地帯にあてはまるものを、ア～エから選び、記号で答えましょう。また、そう考えた理由を書きましょう。

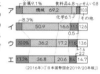

記号（　**ア**　）

理由（ **(例)機械工業の割合が最も高いから。** ）

77

答えは別さつ18ページ→

18

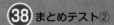

学習した日
月　日

1 次の { } にあてはまることばを選び、○でかこみましょう。

(1) 稲かりやだっこくには { トラクター・(コンバイン) } が使われる。

(2) 工業地帯や工業地域は、{ (海ぞい)・内陸部 } に多い。

(3) 1970年代に各国が200海里水域を定めたことで、日本の { (遠洋漁業)・沿岸漁業 } の漁獲量が大きく減った。

(4) 肉牛の飼育は、{ (九州地方)・東北地方 } でさかんである。

(5) 情報を正しく活用する能力を { (メディアリテラシー)・インターネット } という。

2 次の地図中の①〜④にあてはまる名前を書きましょう。

①(ユーラシア) 大陸
②(排他的経済 (200海里)) 水域
③(奥羽) 山脈
④(沖ノ鳥) 島

3 右の地図を見て、次の問いに答えましょう。

(1) 日本と同じ緯度にある国を、次のア〜エから選び、記号で答えましょう。
ア　オーストラリア
イ　イギリス
ウ　イタリア
エ　ブラジル
(ウ)

(2) 地図中に ■■■■ で示した国から日本が多く輸入している資源を、次のア〜ウから選び、記号で答えましょう。
ア　鉄鉱石　イ　石油　ウ　石炭
(イ)

(3) 次の説明にあてはまる国を、地図中のA〜Dから選び、記号で答えましょう。

> この国は、大西洋に面しています。首都に0度の経線が通り、日本と同じ北半球にある国です。

(A)

(4) 右は、日本と主な国の食料自給率を比べたものです。日本の食料自給率は、他国と比べてどのような特色がありますか。かんたんに書きましょう。

((例) 食料自給率が 低い。)

日本と主な国の食料自給率

チャレンジ！
京都市がリサイクルしているものはどれかな？
ア　天ぷら油　イ　魚のほね
ウ　食器　　　エ　ぬいぐるみ
〔 ア 〕

78　　　79

答えは別さつ19ページ→